西安航空职业技术学院中国特色高水平高职学校和专业建设计划系列丛书

西安航空职业技术学院高水平高职学校建设案例集
（第三卷）

丛书主编：金 文　张敏华

丛书编委：齐晓军　王宏斌　郭红星　邓志博　侯晓方
　　　　　刘增铁　陈 荷　王 颇　龚小涛　张 俊
　　　　　王宏军　张 超　叶 婷　王 波　史小英
　　　　　韩银锋　李永锋　刘志武　高北雄

本书主编：张敏华

副 主 编：龚小涛　秦伟艳　张 超　叶 婷　马 晶　杨 甜
　　　　　焦旭东　霍一飞　田 方　史佳豪　齐贝贝

北京理工大学出版社
BEIJING INSTITUTE OF TECHNOLOGY PRESS

版权专有　侵权必究

图书在版编目（CIP）数据

西安航空职业技术学院高水平高职学校建设案例集. 第三卷 / 张敏华主编. -- 北京：北京理工大学出版社，2023.12
ISBN 978－7－5763－3342－8

Ⅰ. ①西… Ⅱ. ①张… Ⅲ. ①高等职业教育－学校管理－案例－汇编－西安 Ⅳ. ①G718.5

中国国家版本馆CIP数据核字（2024）第001882号

责任编辑：徐艳君	文案编辑：徐艳君
责任校对：周瑞红	责任印制：李志强

出版发行 / 北京理工大学出版社有限责任公司
社　　址 / 北京市丰台区四合庄路6号
邮　　编 / 100070
电　　话 / （010）68914026（教材售后服务热线）
　　　　　　（010）63726648（课件资源服务热线）
网　　址 / http://www.bitpress.com.cn

版 印 次 / 2023年12月第1版第1次印刷
印　　刷 / 北京虎彩文化传播有限公司
开　　本 / 787 mm×1092 mm　1/16
印　　张 / 7.5
字　　数 / 137千字
定　　价 / 98.00元

图书出现印装质量问题，请拨打售后服务热线，负责调换

前　言

根据中共中央办公厅、国务院办公厅印发《关于深化现代职业教育体系建设改革的意见》，教育部、财政部《关于实施中国特色高水平高职学校和专业建设计划的意见》（教职成〔2019〕5号）等文件精神，西安航空职业技术学院作为全国唯一航空类高水平高职学校建设单位，以"双高计划"建设为有力抓手，打造一批引领改革、支撑发展、中国特色、世界水平的高水平专业群，充分发挥学校在人才培养、技术创新、社会服务、产业支持等方面的支撑作用，主动服务国家战略、推动区域经济社会发展，努力构筑起高素质技术技能人才培养高原，形成有效支撑职业教育高质量发展制度体系、标准体系和先进模式，提供高水平职业院校建设的"西航样板"。

本书分为五个部分，共二十一个案例。第一部分是学校层面，对接国家战略，响应职教改革任务部署，围绕"双高计划"建设项目的"加强党的建设""打造技术技能人才培养高地"等十大建设任务和"打造军民融合标杆校"等特色建设任务，梳理、总结了学校在立德树人、科学研究、社会服务、文化传承、国际交流等方面的建设经验和成果成效。第二部分、第三部分分别是飞机机电设备维修专业群、无人机应用技术专业群在"双高计划"建设期围绕"人才培养模式创新""教材与教法"等九个方面形成的专业建设经验，引领航空职业教育教学改革和人才培养模式创新。

本书以"双高计划"建设为抓手，建设案例集。学校以党建领航，通过"领航工程、铸魂工程、强基工程和融合工程"四大工程注入"双高计划"建设"新动力"；坚持以服务军航和民航发展为宗旨，扩展人才培养规格至军航、民航两用人才，构筑政军行企校"五方"协同新格局，打造蓝天工匠"新高地"；课程启航，坚持以生为本，推行课堂革命、岗课对接两大举措，打造航空职业教育"一课一书一空间"的泛在学习空间，夯实课堂教学"主阵地"；梯队护航，通过"初心"强基工程、"靶心"瞄准工程、"匠心"提升工程和"恒心"改革工程等举措加强师德师风建设、能力提升、创新发展，建成航空尖兵"新编队"；技改助航，构建"一院一企两中心"，发挥学校师资和资源优势，推进教学和技术服务双向赋能，夯实平台激发科教融会"新引擎"。

本书由西安航空职业技术学院张敏华担任主编，项目办龚小涛、秦伟艳、马晶、杨甜，飞机机电设备维修专业群张超、焦旭东、霍一飞、齐贝贝，无人机应用技术专业群叶婷、田方、史佳豪等人担任副主编；学校层面十一个专项建设负责人陈荷、张俊、王宏军、龚小涛、王波、史小英、韩银峰、王颇、李永锋、刘志武、高北雄梳理总结了5年专项工作的建设思路、举措办法与成果成效，提供专项建设案例；学校分管工作领导金文、张敏华、王宏斌、齐晓军、郭红星、邓志博、侯晓方担任主审，项目办对全书进行统稿、定稿。

编　者

目 录

第一部分 党建引领

案例1 聚焦"一融双高"谋全局 创设"五土"路径促发展 　3

案例2 以群建院 制治融通 多维高效 评建结合 　8

案例3 应用为王 服务至上 "三平台"推进数字化校园生活 　12

案例4 "四个引领""五个融合" 构建党建引领专业群发展的"六位一体"新格局 　16

第二部分 人才培养

案例1 突出"四个回归" 实施"课堂革命·西航行动"打造技术技能人才培养高地 　25

案例2 协同共生 数智赋能 打造航空类高水平专业群人才培养新模式 　29

案例3 理念引领 聚焦航空 构建"1235"师德师风建设体系 　35

案例4 构建"双元育人"模式 服务飞机制造产业 　40

案例5 标准融通 军民两用 创新飞机机电设备维修专业群人才培养体系 　45

案例6 教书育人守初心 潜心科研担使命 　50

案例7 四岗对接 四层递进 推进"岗课赛证"综合育人 　54

案例8 对接高端 创新驱动 建设无人机行业应用一流课程 　59

案例9 "四化"协同 赛教融合 提升教师教学能力 　64

第三部分　科学研究

案例1　加强青年科技人才培养　助力高水平科技创新	71
案例2　推进"四位一体"　探索现场工程师人才培养新模式	75
案例3　聚焦教育数字化转型　推进教学资源数字化建设	80
案例4　数智结合　强技砺能　建设高水平专业化产教融合实训基地	85
案例5　科教融汇　打造"产、学、研、创"一体化育人新平台	90

第四部分　社会服务

案例1　践行终身学习理念　职教赋能融合发展	97
案例2　德技融通　四阶递进　五方协同	101

第五部分　国际交流

案例　航空为本　内外融通　打造航空特色职业教育国际交流新模式	109

第一部分

党建引领

案例 1

聚焦"一融双高"谋全局　创设"五土"路径促发展

摘要：西安航空职业技术学院将高校党的建设摆在突出位置，以党建引领高职教育事业高质量发展为目标，结合实际，开展"五土"模式探索与实践，准确把握高职院校基层党建工作与教育教学工作互融共促的结合点，切实发挥党建引领作用，助推学校事业高质量发展。

关键词：党建引领；高质量发展；"五土"路径

一、实施背景

高职院校要落实"立德树人"根本任务，必须紧紧围绕"为谁培养人、培养什么样的人、怎样培养人"这个根本问题，把党的建设放在首位，多措并举做好党建工作，保证中国特色高职教育具有强大的生机活力。西安航空职业技术学院始终坚持党对学校的全面领导，强化党建引领，把党对高校的领导落实到推动学校改革发展和立德树人任务中，厚植五种"土壤"，形成行之有效的党建工作模式，把党建优势转化为发展优势，把党建成效转化为育人成效，引领和保障学校各项事业的高质量发展（如图 1 所示）。

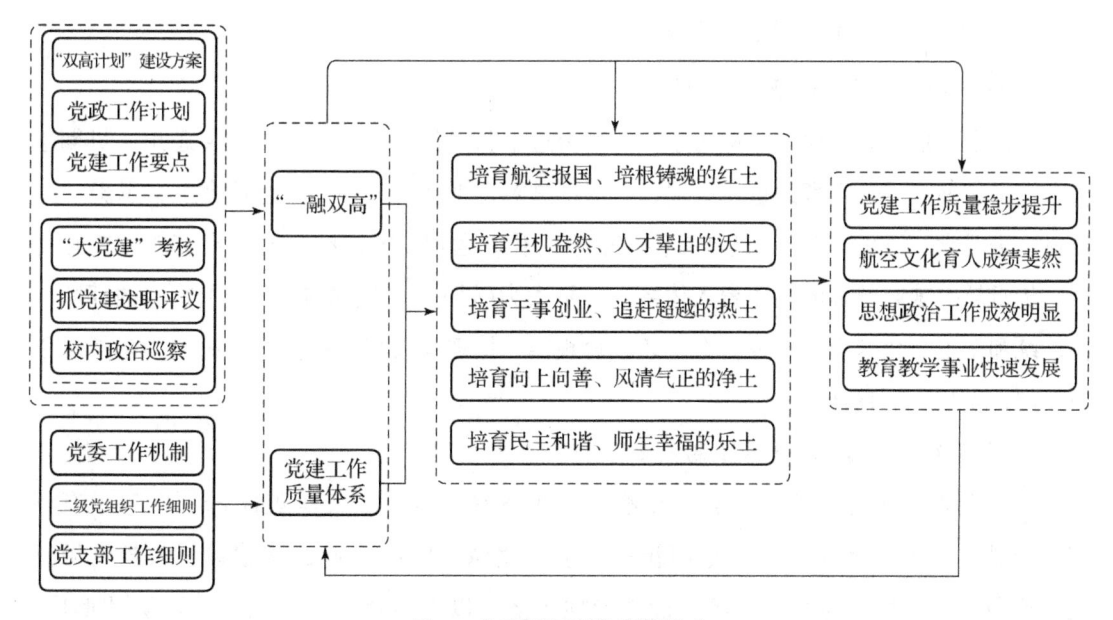

图 1　党建引领事业发展模式

二、主要做法

（一）聚焦"一融双高"谋篇布局

"双高计划"建设必须以党建为引领。作为全国唯一一所航空类"中国特色高水平高职院校"建设单位，西安航空职业技术学院积极推进党建与业务工作协同融合发展，以"双高计划"建设方案、党政工作计划及党建工作要点等形式将党建与业务工作同部署、同推进，以"大党建"考核、抓党建述职评议、校内政治巡察等方式对党建与业务工作同检查、同考核，从顶层设计上将党建工作融入"双高计划"建设的全过程、全方位，推动党建工作质量提升与教育教学事业发展同向并行、同频共振。

（二）健全质量体系夯实基础

突出全面领导，完善学校党委工作制度。修订关于贯彻落实党委领导下的校长负责制、干部选育管用等规范性文件，保证党委领导作用发挥。突出上下贯通，完善二级党组织工作制度。印发《二级党组织工作细则》，健全二级党组织书记抓基层党建工作述职评议考核等制度，保证基层党组织政治核心作用发挥。突出执行有力，强化支部书记责任意识，制定党支部工作细则，明确学生、教职工和离退休党支部建设标准，实行支部书记述职考核和组织生活督查制度，保证党支部战斗堡垒作用发挥。健全党建工作问责机制，通过党建考评、述职评议、校内巡察、专项检查、群众监督等方式，加强对基层组织党建工作责任落实情况的监督检查。

（三）创设"五土"路径促进发展

1. 培育航空报国、培根铸魂的红土

一是全面强化政治建设。深入学习贯彻习近平新时代中国特色社会主义思想，贯彻落实习近平总书记关于教育的重要论述，持续推进习近平新时代中国特色社会主义思想"进教材、进课堂、进头脑"。二是坚持传承航空文化。运用CIS战略，打造富有航空文化特色、传承航空工匠精神的文化育人体系。三是大力弘扬"西航精神"。传承特有的部队优良传统和军工文化基因，形成符合高职教育规律、体现学校特色的大学精神，为学校的创新发展提供强大的精神动力。

2. 培育生机盎然、人才辈出的沃土

一是大力实施人才工程。成立人才工作办公室，实施"青年英才计划"等，有计划、分批次推进人才培养。二是创新打造项目团队。围绕专业课程建设、教学资源开发、科研及社会服务能力建设等，设立专项团队，以项目化管理推动优秀团队的形成。三是探索学生教育管理模式。以培养职业能力为导向，采取项目化教学、案例教学、情境教学等理实结合的教学模式，培养学生工匠精神和职业素养，构建"三全育人"十大育人体系，推行素质教育证书制度，全力培养德智体美劳全面发展的高素质技术技能人才。

3. 培育干事创业、追赶超越的热土

一是强化体制机制建设。以"一章八制"建设为重点，持续推进现代大学制度建设，完善校内决策机制及议事规则，形成"协同高效"的决策运行机制、"系统开放"的学术治理体系、"主体多元"的民主监督体系，推进治理能力现代化。二是强化政策制度保障。落实基层党建工作责任制，构建基于党政同步同行下的"大党建"考核体系，实行基层党组织书记述职制度。三是强化绩效奖励导向。以多劳多得、优劳优酬为基本原则，形成科学合理、激励有效的绩效奖励体系。

4. 培育向上向善、风清气正的净土

一是切实加强党风廉政建设。推动"两个责任"贯通融合，聚焦重点领域，强化过程监督，优化防控体系，动态完善岗位和行权风险点。二是开展校内政治巡察，推进被巡察单位整改落实。三是推进师德师风建设，实施"信念引航、价值引领、文化引擎、典型引路"——"四引"项目，引导教师既精通专业知识、做好"经师"，又涵养德行、成为"人师"，不断提高教师队伍思想素质和能力水平。

5. 培育民主和谐、师生幸福的乐土

一是推动落实教授治学。充分发挥专家学者在学风建设、学术评定、学科建设、人才培养等方面的主导作用，建立学术委员会，并赋予其相应的决策和决定权，促使行政权与学术权相对分离、相互配合。二是充分发挥群团组织职能。健全教职工代表大会运行机制，保障教职工对学校工作的知情权、建言权、决策权、监督权和审议权。利用学生社团组织，积极探索引入学生参与学校管理的机制，鼓励学生建言献策。三是切实为师生办实事解难题。建立"我为师生办实事"工作机制，构建和谐西航。针对中老年教师，在发挥"夕阳红"作用的同时，确保共享学校发展红利。针对青年教师，为其常规发展铺路、超常规发展架桥、特别发展设专线，畅通发展通道。针对广大学生，创建社区化管理模式，建设一站式服务中心，切实做好管理服务工作。

三、成果成效

（一）党建工作质量稳步提升

学校连续获省属高校领导班子考核"优秀"等次，荣获"陕西高校先进校级党委"。党委书记抓党建述职评议连续7年为"好"等次，党委书记被授予"高等教育优秀管理者"。纪检监察机构被省纪委监委确定为2020年度、2022年度考核"优秀"等次。获批党建"双创"全国样板支部4个、省级示范高校1个、省级标杆院系及样板支部各2个，省级以上创建数量居全国高职院校前列，航空制造工程学院教工党支部荣获陕西高职院校唯一一个省级"先进基层党组织"称号，学校作为高职院校代表在2021年陕西省高校党的建设工作会议进行交流发言，《党建引领推动学校创新发展》工作经验在《陕西教育工作情况》简报中被介绍推广。

（二）航空文化育人成绩斐然

学校将以"西航精神"为代表的宝贵精神财富渗透到各级基层党组织的肌体中，渗透到人才培养全过程，渗透到学校工作的全方位，形成"全员、全过程、全方位"航空文化育人格局，实现知识技能与价值引领的有机融合。航空文化育人实践成果受到广泛关注，被《中国教育报》《中国青年报》《中国航空报》、新华网、教育部及陕西省教育厅官网等多次报道，入选全国职业院校校园文化"一校一品"学校，文化育人成果获航空行指委教学成果特等奖，劳动教育评价改革案例被《陕西教育工作情况》刊发，3次荣获陕西高校校园文化成果一等奖，连续4年获评全国职业院校十佳校媒，抖音短视频平台入选高职院校唯一一个陕西省"走好网上群众路线"百个成绩突出账号，微信公众号影响力保持全国高职院校第一方阵。

（三）思想政治工作成效明显

按要求配齐配强思政教师、专职辅导员队伍，思政教师和辅导员职称单列评审，足额落实思政教师岗位津贴，不断深化课程思政改革，编印课程思政案例集。学校先后获全国高校思想政治理论课教学展示活动一等奖、二等奖各1项，国家级课程思政示范课程、课程思政教学名师和团队1项，全国高校优秀思政课教师三等奖教金1项，陕西省"大思政课"建设试点项目2项，陕西高校思政课教师"大练兵"活动"教学标兵"5人、"教学能手"3人。

（四）教育教学事业快速发展

高质量党建引领事业高质量发展，建设期内，学校在教学成果奖、专业教学资源库建设、教学能力大赛、教材奖、科研项目、学生技能大赛、"互联网＋"和"挑战杯"大赛等标志性成果取得了一系列重大突破，综合排名位居全国前列，培育了以全国"万人计划"教学名师为代表的一支高层次人才梯队和以全国"五一劳动奖章"、国务院特殊津贴获得者为代表的一大批德技并修的大国工匠，在全国较权威的"金平果"高职院校竞争力排行榜中由2018年的139位跃升至2023年的第37位。

四、经验总结

学校着力培育"五土"路径，推动党建工作走深走实的探索与实践，准确把握高职院校基层党建工作与教育教学工作互融共促的结合点，有力推动办学治校水平迅速提升，始终让党旗在引领改革、支撑发展、中国特色、世界水平的高职院校建设中高高飘扬，以一流党建工作引领保障事业高质量发展。

案例 2

以群建院　制治融通　多维高效　评建结合
——以二级管理改革为抓手，提升学校治理水平

摘要：深化内部治理体系和治理能力，是推动学校事业高质量发展的迫切需要，是提升教育教学水平的关键核心，而创新校院两级管理改革则是有效抓手，西安航空职业技术学院经过多年探索形成了"以群建院　制治融通　多维高效　评建结合"的二级管理改革创新模式，有效提升了二级管理自主权，激发了二级办学活力，促进了学校高质量快速发展。

关键词：二级管理；治理水平

一、实施背景

党的十九届四中全会提出坚持和完善中国特色社会主义制度、推进国家治理体系和治理能力现代化，开启了"中国之治"的新篇章。教育部、财政部也联合印发《中国特色高水平高职学校和专业建设计划》（教职成〔2019〕5号），明确要求高职院校在专业群建设上进一步"优化内部治理结构，扩大二级院系管理自主权，发展跨专业教学组织"。西安航空职业技术学院积极落实国家政策，坚持以内涵发展、高质量发展为核心，聚焦学校改革重点和难点，按照"重心下移、权责对等"的改革思路，根据"统筹管理、分类指导"的管理模式，遵循"目标管理、分类考核"的原则，以校院两级管理改革为抓手，开展了"以群建院　制治融通　多维高效　评建结合"的二级管理探索，进一步提升了管理效能，优化了资源配置，增强了办学活力，提高了办学质量。

二、主要做法

（一）以群建院，形成了以专业群为核心的二级运行组织

围绕区域经济发展战略和航空产业发展布局，按照教育链、人才链、产业链、创新链"四链融合"原则，依据"产业—产业集群—产业链"逻辑，按照总体谋划、统筹推进的思路，进一步优化专业、整合资源，重组了航空维修工程学院、航空制造工程学院、航空管理工程学院等9个二级学院，开设了航空维修、航空制造、航空管理、航空材料等门类齐全专业48个，形成了航空机电设备维修、无人机应用等2个国家专业群、7个省级专业

群、1个校级专业群，构建了三级专业群发展体系。通过以群建院形成了二级学院组织架构，实现了实体化运作，增强了专业群建设的弹性和生命活力，推动了学校高质量发展。

（二）"制""治"融通，构建了突显自主管理的二级运行机制

全面梳理各类规章制度、办事流程，建立了以大学章程为核心，体系完备、层次清晰的制度体系，汇编制度手册3本，出台制度300多条、规定260多条、流程356项，其中围绕二级管理形成制度123条、流程145项，涵盖党建思政、议事决策、立德树人、教学科研、运行机制等内容。同时，学校以"制""治"融通为着力点，推进制度完善与治理实践相结合，紧紧围绕"双高计划"建设、人才培养等任务，依据学校"1+11"的"十四五"规划体系（1个总规划，11个专项规划），形成了9个二级学院规划，制定了270项二级学院发展规划目标，形成了年度任务目标。围绕目标，列出了"台账清单"，建立督查督办台账清单，制定工作目标、细化实施事项、明确时间节点；明确了"责任清单"，明确责任人、牵头人、牵头教研室等，压实任务；建立"考核清单"，动态考核和结果考核相结合，考核结果作为个人评优、奖励等重要参考。

（三）多维高效，创建了"五纵五横"的内部质量保障体系

围绕学校中心工作，聚焦人才培养，各二级学院按照工作任务，重点梳理形成了各二级学院质量目标和标准，完善了目标链、标准链的建设，把"制度—标准—共享"融为一体，连接学院、专业、课程、教师、学生五个层面（五横），贯通决策指挥、质量生成、资源建设、支持服务、监督控制五个系统（五纵）。在横向五个层面中，学校层面聚焦"提质、扩容、进位、升级"的"十四五"发展主线，形成二级学院发展规划目标；专业层面聚焦国家和省级"双高计划"专业群，形成二级学院专业发展体系；课程层面聚焦教学资源库建设、在线开放课程，构建二级学院特色专业；教师层面聚焦国家级创新团队、技能大师、教学名师、"双师"教师培养基地建设，打造一批二级学院优秀教师团队；学生层面聚焦思想品德、工匠精神、职业技能培养，形成二级学院素质教育及职业素养发展体系。纵向五个系统与横向五个层面相互交错，形成了网格化、全覆盖，具有预警功能和激励作用的内部质量保障体系。

（四）评建结合，创建了以绩效考核为导向的评价体系

学校建立健全了全方位年度评价体系，构建了"1+2+N"二级考核管理体系，"1"为校院两级管理办法；"2"为二级经费核拨、部门目标考核办法；"N"为招生、就业、教学、科研、学生管理、社会服务、校企合作、重大项目等的考核评价办法，包含党建与业务工作模块、治理效能评价模块，将党建与业务紧密结合，同部署、同规划、同考核、同评价。在完善治理效能评价模块，制定了学校、职能部门和二级学院治理效能评价指标

体系，开展自评、互评、校领导评分，年底进行统一整体评价。另外，还组建专家咨询委员会，引入第三方评估机制，校内外评价相结合，开展治理效能评价，出具咨询报告，为办学治校提供参考依据。

三、成果成效

（一）办学实力不断增强

2018年，学校被教育部确定为"国家优质高等职业院校"建设单位；2019年，被教育部、财政部确定为"中国特色高水平高职学校和专业建设计划"立项建设单位；先后被授予全国职业教育先进单位、全国德育教育工作先进单位、黄炎培职业教育优秀学校、省级文明校园、陕西省职业教育先进单位、陕西高校先进校级党委、陕西省平安校园等荣誉称号。形成了一批治理典型案例，在全国推广辐射。先后被CCTV-1《新闻联播》、陕西省教育厅网站、华商网、《中国青年报》《中国德育报》《陕西日报》等媒体报道。

（二）专业建设成效显著

以群建院相关专业入选全国"双高计划"专业群，建有国家重点建设专业8个；取得西北高校首家CCAR-147维修培训机构合格证；主持国家级教学资源库2个；获国家级教学成果奖5项，国家级优秀教材1本，国家级实训基地3个；获评国家"万人计划"教学名师1人，全国优秀教师3人，全国高校黄大年式教师团队1个，国家职业教育教师教学创新团队1个，黄炎培职业教育杰出校长2人。

（三）人才培养质量提升

多年来培养航空类人才万余名，企业满意度从90%增至98%；全国职业技能大赛、"互联网+"大赛奖项144项，其中一等奖10项；对口企业就业率从90%增至94%；家长满意度从81%增至90%；第三方机构调查反馈毕业生对母校认可度高出其他学校10%。涌现出国家级技能大师叶牛牛、全国劳动模范罗卓红、全国技术能手张婷、全国五一巾帼标兵彭小彦、航空工业技术能手张向锋等航空领域技术能手。航空企业和部队认为，西航学子"下得去、留得住、用得好、有发展"。

四、经验总结

（一）理念先行、整体把握，明确校院两级管理改革思路

在推进二级管理改革时，要明确改革思路，要坚持党的教育方针，坚持党委领导下的校长负责制，紧紧围绕全面提高教育质量和学校建设的目标，以理顺、优化校院两级权责

关系为基础,深化学校内部管理运行模式改革,转变校级机关职能,落实学院办学主体地位,充分激发校院两级发展的内在动力,全面提高学校管理水平和办学效益。

(二) 目标导向、统筹设计,推进校院两级管理改革内容

要明确改革的内容体系,学校在制定学院发展战略规划与学科发展规划、扩大学院人事管理自主权、扩大学院财务管理自主权、扩大学院教学管理自主权、扩大学院科研管理自主权、扩大学院资源配置自主权等六个方面要全面部署实施一系列创新性改革性举措,并将这些改革作为管理体制改革的主要内容,特别要以专业改革、绩效考核为核心和抓手。

(三) 有效监督、规范运行,做好校院两级管理改革保障

要加强规章制度建设,形成职能清楚、责任明晰、权力制衡、相互协调、系统完备的制度体系,为改革提供清晰的制度依据;要加强组织领导,提高谋划运作、组织协调、执行落实、科学管理的能力,确保改革工作顺利实施;要加强监督与考核,以学院实际能力为客观依据制定科学合理的考核目标,确保学院改革健康有序地进行,提升改革的质量和效率。

下一步应把握好以下三个原则:

(1) 权责利一致原则。学校逐步有序下放管理权,强化学院办学责任,明确学校与学院的管理权限与职责,按责分权,按事理财,权责利相统一。

(2) 放管服结合原则。权力下放后,学校及职能部门将逐步把工作重点转为顶层设计,对学院工作进行服务、指导、督查、考评。

(3) 规范运行原则。学院要切实加强二级单位领导班子建设,增强领导班子凝聚力、创造力,提高领导效能;健全学院党政联席会议制度,规范各种决策程序。

案例 3

应用为王 服务至上 "三平台"推进数字化校园生活

摘要：为了有效提升智慧校园的便捷性，学校围绕师生"衣食住行购"等服务需求，按照"统一规划、统一管理、资源整合"的工作要求，通过统一身份认证平台、校级人脸库平台、数字校园卡管理平台三个平台建设，整合餐饮消费、移动支付、门禁管理等应用为一体，构建数字校园卡管理服务平台，开启"移动支付、人脸消费、无感门禁"等校园生活应用，让师生体验"一机在手，便捷我有"的智慧校园生活，全面提升学校管理服务的智能化水平。

关键词：人脸库；数字校园卡；移动支付；智慧校园

一、实施背景

当前，以人工智能、大数据、物联网等为代表的新兴技术有效推动教育模式变革和生态重构。《中国教育现代化2035》《职业教育提质培优行动计划（2020—2023年）》《职业院校数字校园规范》《教育信息化2.0行动计划》等文件指出，职业院校数字校园实施的总体目标是充分发挥信息技术的优势，再造管理流程，提升校园文化生活品质，为职业院校培养高素质劳动者和技术技能人才提供信息化支撑和保障。针对传统校园卡携带不便、使用安全性差等问题，学校开展了校园一卡通数字化改造项目，采用二维码、人脸识别等作为身份识别的关键技术，提供身份认证和校内消费，移动端集成各类校内生活应用场景，为师生提供优质、高效、便捷的校园生活服务。

二、主要做法

（一）统一身份认证平台，打通多介质身份管理

数字校园卡以"西安航空职业技术学院"企业微信为入口，师生通过学校"统一身份认证平台"进行身份认证，无须进行二次认证与权限分配。统一身份认证平台与教务、科研、财务等系统对接，实现"只进一扇门，办成多件事"。数字校园卡以二维码介质为主要身份载体，同时支持人脸、NFC、超级SIM卡等介质辅助识别方式，给师生提供更多体验途径。全流程线上智能管理，在校师生可通过在线自助办理，完成卡片申领、充值、延期、身份认证等操作（如图1所示）。校内随时随地泛在化的服务成为潮流，原来繁忙的校园卡服务大厅变得无人问津。

图 1　多介质、多场景身份认证方式

（二）校级人脸库认证平台，实现无感知的多场景认证

建立"校级人脸身份认证平台"，实现生物特征数据的全流程安全监控，有效避免个人信息重复采集。以人脸库为基础，进行校内人员统一采集、统一存储、分发调用，实现数据的互联共享。以学生、教职工、临时人员为重点，进行基本信息及人脸信息的建立，并将已建的业务人脸信息进行有效融合，整合现有资源，实现数据与应用的互联互通。以数据为基础，基于国家信息化建设要求，借助国密算法对数据的采集、存储、使用进行加密应用，构建良好的数据安全体系，筑牢数据使用规范。

（三）数字校园卡管理平台，实现"无卡化"智能校园生活

一是卡务管理，整合校园生活应用。建设校园卡系统管理与服务数字大厅，整合餐饮消费、直饮水、门禁管理、图书借阅、网费充值等应用为一体，实现一个页面完成卡片解绑、充值、查询等业务，方便师生校园生活。二是全景支付，建设无现金校园。建设全场景支付应用，满足校园统一支付需求，全景支付平台支持网银、微信、支付宝等转账充值，涵盖用户多元化支付渠道及支付介质。同时，采用加密机与银行平台系统进行数据交换，保证了交易数据的安全性。三是数据分析，为科学管理提供有力支撑。多维度、多层次地进行大数据分析，可进行贫困生识别、晚归预警、学生失联预警等分析，并生成分析报告自动推送给相关人员。校园卡运营指挥中心大厅以图形化模式展示了学生生活数据的趋势与价值，为学校科学管理决策提供了有力支撑，让校园生活更加智慧（如图2所示）。

三、成果成效

（一）构建西航一码通，实现"无卡化"校园

通过二维码构建西航一码通，一码通支持支付宝、微信、网银、数字人民币等支付方式，实现一部手机"畅游"校内外，给师生"一码在手，走遍校园"的服务体验。为增加高可用性，增加了人脸、NFC、超级SIM卡等辅助手段，从实体卡到数字卡，从多张卡到一部手机，数字化正在让校园生活变得更加便捷。学校率先实现了完全"无卡化"校

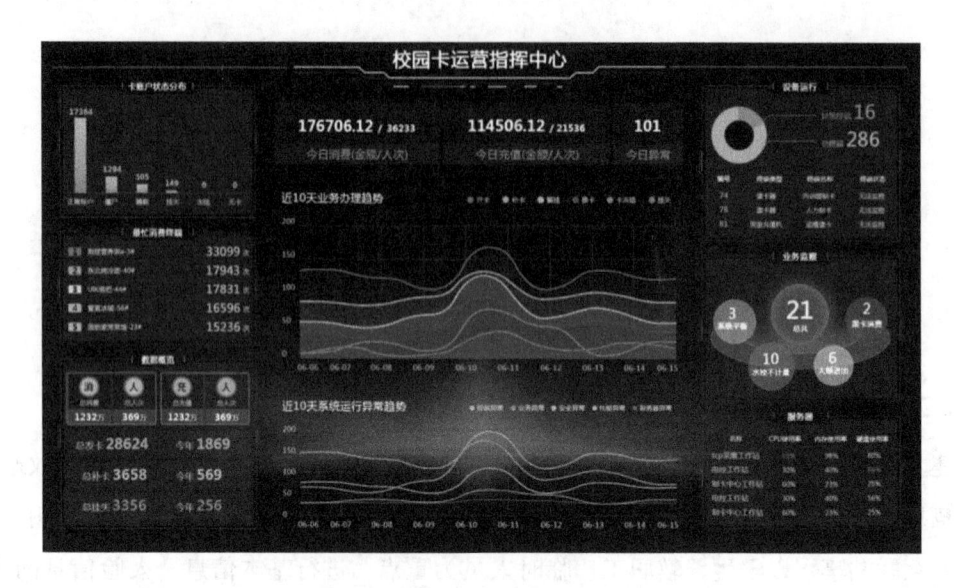

图 2　校园卡运营指挥中心大屏

园，位居陕西省高职院校前列。

（二）重构管理流程，实现降本增效

数字校园卡重新构建了校园卡的开卡、绑定、注销、充值、缴费等服务流程，实现一个页面完成所有事务，推动校园卡事务不见面自助办理。"无卡化"节约了大量的实体卡制作和处置成本，目前数字校园卡系统服务用户达 16 960 人。学校取消实体卡后省去了人工制卡的烦琐工作，每年可节约制卡费用约 3 万元，学校也无须再安排专人办理师生校园卡业务，师生足不出户即可在线办理注销、挂失等业务，快速处理师生卡务问题，实现了降本增效，获得全校师生一致好评。

（三）整合数据资源，支撑学校决策

整合现有资源，实现数据与应用的互联互通。将数字校园卡系统产生的业务数据接入大数据分析平台，通过数据与业务融合分析，为学校事务提供决策依据。对学生校园生活数据进行按月统计与分析，从食堂消费、图书馆门禁记录、考勤记录、上网记录等 12 个维度数据建立贫困学生精准识别统计模型，区分贫困学生、非贫困学生，以及贫困生困难等级，为学校国家助学金评选工作提供有效数据支撑。

四、经验总结

（一）基于用户身份信息管理基础数据，实现人员数据"一盘棋"

学校数字校园卡系统采用用户身份中心（UDC）管理用户基础数据，解决人员身份复杂、角色多样等问题。所有用户信息随数据中心的更新而更新，做到全校人员数据"一盘棋"。数字校园卡系统不单独维护身份信息，只维护与自己系统有关的业务数据。此外，用户身份中心充分考虑身份类别的扩展性和后续服务场景，可实现对在校人员、临时人员、校友等人员身份信息，如基础信息、多身份多角色管理信息、生物特征信息的管理。

（二）重构校园卡类型关联各种事项，实现精准管理

学校重构了"教职工卡""学生卡""校友卡""临时卡"四种人员类型，根据用户身份配置不同的使用权限。卡片类型自动赋予用户不同的权限，成为关联学校各类"人、财、物"的纽带。校内人员通过学工号可以办理各类业务，校外人员通过审批赋予有限的权限，实现不同人员类型的精准管理，以信息化赋能学校治理能力的现代化。

案例 4

"四个引领""五个融合" 构建党建引领专业群发展的"六位一体"新格局

摘要：无人机应用技术专业群紧抓职业教育改革契机，落实"立德树人"根本任务，发挥全国党建工作样板支部建设优势，创新"四个引领""五个融合"党建工作思路，构建"六位一体"党建工作机制，促进党建工作与"双高计划"工作融合发展，助推专业群高质量发展。

关键字：基层党建；样板支部；融合发展

一、实施背景

无人机应用技术专业群（简称"专业群"）教工党支部2022年成功获批第三批"全国党建工作样板支部"培育创建单位。专业群坚持以习近平新时代中国特色社会主义思想和党的二十大精神为指引，按照学校党委和二级党总支的部署要求，以"立德树人"为根本任务，紧跟学校发展目标，围绕教育教学中心工作，把党建与"双高计划"建设有机融合，创新"四个引领""五个融合"党建工作思路，构建"六位一体"党建工作机制，发挥基层党组织战斗堡垒作用（如图1所示）。

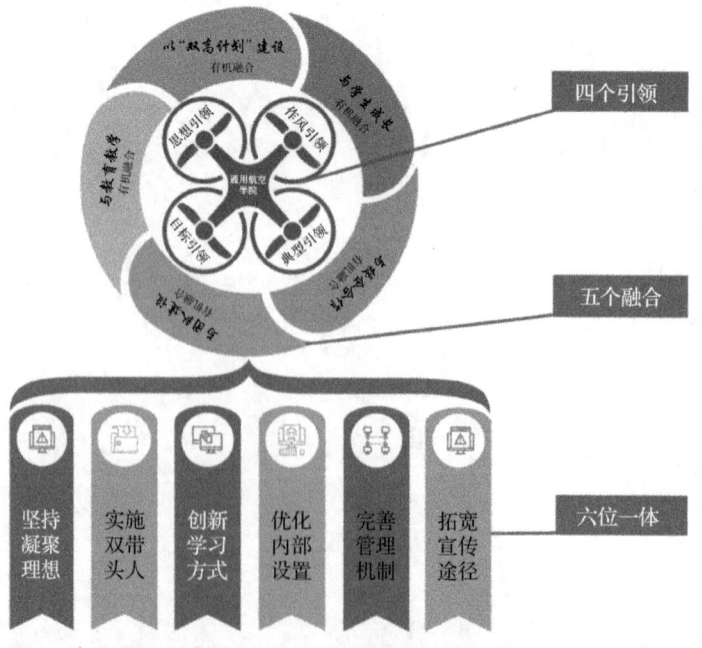

图1 专业群"四个引领""五个融合""六位一体"党建工作模式

二、主要做法

（一）明确党建思路，广泛凝聚共识

专业群党建工作全局谋划不断强化支部建设，在实践中及时总结经验，不断升华理念，形成了一套切实有效且可复制推广的思想引领、作风引领、目标引领、典型引领；党建工作与学院整体发展有机融合、党建工作与教育教学工作有机融合、党建工作与教师团队建设有机融合、党建工作与学生成长成才有机融合、党建工作与校企合作有机融合的"四个引领""五个融合"的党建工作思路，切实凝聚了广大教职员工、党员干部的普遍共识，达到了强化支部政治功能，推进了师德师风建设，夯实了基层组织建设，发挥了战斗堡垒作用，切实将党组织打造成了培育广大党员的平台、团结广大师生的核心、先锋带头和攻坚克难的堡垒，以及展示党员、标兵先进事迹的模范示范阵地。

（二）形成党建机制，夯实业务基础

1. 坚持思想凝聚

专业群以习近平新时代中国特色社会主义思想为指引，按照学校党委和学院党总支的部署要求，以"立德树人"为根本任务，紧跟学校发展目标和人才培养模式，围绕教育教学中心，把党建工作与学院整体发展、教育教学工作、教师团队建设、学生成长成才及校企合作有机融合，创新"四个引领""五个融合"的党建工作思路，构建"六位一体"党建工作机制。

（1）思想引领筑心魂，聚力"双高计划"建设立德树人。支部突出抓好"两学一做"学习常态化教育、落实"三会一课"制度，教育引导全体党员坚定理想信念，进一步增强党性原则，加强担当精神，将思想政治教育工作落实到位。同时，支部教师党员结合"双高计划"建设任务，将全面推进思政内容进教材、进课堂、进头脑；培育和践行社会主义核心价值观，努力构建起全员、全过程、全方位育人体系，以价值引领为前提，抓好知识传授、能力培养，切实把"立德树人"根本任务落到实处。

（2）作风引领强根基，强化师德师风建设。近3年来，支部共开展24次廉政专题教育、师德师风专题学习，为通用航空学院营造了风清气正、立德树人的良好内部环境。同时，将师德师风建设放在"双高计划"工作部署中，并将此工作常态化、长效化，把它作为师资队伍建设常抓不懈的一项重要工作，推动精神文明建设健康、稳定、可持续发展。

（3）目标引领明方向，夯实基层组织建设。党建引领教育教学、学生管理、科研服务等工作整体发展，有效提升了支部的思想政治育人成效；与"双高计划"任务建设合并建

立积分制度，实行"党建"+"双高计划"建设双积分管理，采取定性评价与量化考评相结合的方式，实现了细化可见、量化可比、考核可评，有效激发了支部活力，促进了学院各项事业的发展。

（4）典型引领促发展，打造"党建""双高计划"特色品牌。支部坚持挖掘党员教师在日常生活和工作中的模范带头事迹，同时对优秀典型事迹和典型个人的突出成就、工作亮点、成长经验、工作感悟等进行及时总结、广泛宣传，以典型振奋精神，以典型凝聚力量。支部青年委员王朋飞同志获2023年全国职业院校技能大赛"智能飞行器应用技术"赛项一等奖，王瑜瑜老师荣获陕西省优秀共产党员，党媚老师团队连续两年获全国职业技能大赛一等奖（如图2所示），并获"陕西省教科文卫体系统五一巾帼标兵"称号。

图2　党媚老师团队连续两年获全国职业技能大赛一等奖

2. 实施双带头人

专业群以提升组织力为重点，以提高教育教学质量和水平为目标，充分发挥党的政治优势和组织优势推动工作的开展。构建"党建+专业教研室"党建工作格局，将各专业带头人或教研室主任吸纳到教工党支部支委或党小组组长内，推选机电一体化专业带头人王凯教授为教工支部书记，构建了"业务+思想"双引领，"党建+专业"双融合的双带头工作模式。

3. 创新学习方法

通过内容丰富、形式多样的学习活动，提高教职工的积极性和参与度，让教师走出教室会议室、走近广大师生，使教师能在服务中践行党的宗旨，在实践中强化党员意识、履行党员义务。通过参观校史馆，让支部党员感悟校史底蕴，厚植爱校情怀；通过多次党课的理论学习，提高党员同志的理论水平；通过组织开展老党员讲党课，感受到传承的力量；通过开展"喜迎二十大 对党说句心里话"系列活动，重温誓词、互戴党徽、同唱一首歌，增强党员的党性修养。

4. 优化内部设置

按照有利于促进业务工作的原则，以专业群类、专业教研室、课题组、项目团队为单位设置党小组，教工党支部第一党小组是由机电一体化专业和通用航空器维修专业的创新团队成员构成，教工党支部第二党小组是由无人机应用技术专业、摄影测量与遥感技术专业和通用航空航务技术专业的创新团队成员构成，同时学校给支部配备了专职组织员，以真正发挥党支部战斗堡垒作用和党员先锋模范作用；支部同志对标"双高计划""提质培优""职业本科"三大任务，"双高计划"中期任务完成度达到100%，各项核心指标稳步增长。

5. 完善管理机制

加强组织领导，履行"一岗双责"，全面落实党建工作责任制，完善制度管理，实施制度创新。支部先后制定完善了19项管理制度，落实党员积分制度，制定《"通航之星"评比办法》，采取定性评价与量化考评相结合的方式，实现细化可见、量化可比、考核可评，有效激发支部活力，促进各项事业发展。

6. 拓宽宣传途径

立足"互联网+"时代，利用互联网、短视频、微信等新媒体和新载体，开展宣传平台和阵地建设。支部在学院微信平台设置了"党建双创"栏目，在学院网站设置了党建工作专项栏目，累计发布14篇文章，浏览量达3 801人次，发挥了党建宣传阵地作用，营造了浓厚党建文化氛围。

三、成果成效

（一）形成"双高头雁"品牌

坚持以党建引领"双高计划"建设，创新工作机制，增强党建工作的针对性、实效性和影响力，落实"双高计划"建设对高水平专业带头人党建工作基本要求，积极培育教师党支部书记党建和专业（群）"双带头人"、学生党支部书记党建和学生成长成才"双领航人"，开展"结对"培养。实现党建考核与"双高计划"绩效考核充分融合，将党支部书记、支委培育成学院基层党建和教学科研、学生教育管理服务工作"双融合、双促进、双提高"的中坚力量，团结引领党员和教职工积极投身"双高计划"建设，在履行党的建设和专业建设双重责任中彰显"头雁效应"。例如，教工党支部书记王凯主持的《CAD/CAM应用》课程被认定为国家级职业院校在线精品课程，并带领专业群内机电一体化教师团队获校级教育教学创新团队。

（二）形成"思政育人"品牌

专业群充分调动和依靠全体教职员工的积极性、主动性、创造性，不断"夯高原""树高峰"，全员开展课程思政教育教学改革，打造党建理论研究平台，成立党建研究小组，开展党建、课程思政建设课题立项研究。支部党员王瑜瑜同志的《传感器技术应用》

课程团队被认定为教育部课程思政示范课及教学团队和全国课程思政示范项目，支部委员主持参与的航空概论和"双高计划"专业群网络课程思政资源库建设与应用课程分别被评为陕西省课程思政示范课和陕西高校网络思想政治工作实践项目。

（三）形成"区域示范"品牌

专业群不断构建支部标准化管理，创建以"党建＋"为内涵的支部标准化模式，建立健全"三会一课"制度、党员政治学习制度、党员干部年度考核制度、新闻宣传工作管理办法等制度，努力将自身打造成区域品牌党组织。校内辐射指导维修学院教工支部、人工智能学生支部等省级样板支部建设和通航学生支部等校级样板支部，发挥示范引领和辐射带动作用。教工支部书记、支委及广大党员先后前往渭南技工学校、华州区职教中心、潼关中学、潼关职教中心对外辐射指导，并签订人才联合培养协议，开展支部共建，落实人才共育，与中国工程物理研究院材料所、中航工业第一试飞研究院强度所、西安远方航空技术发展有限公司等开展结对共建，党建互融互促，业务共推共赢。

（四）形成"通航特色"品牌

支部努力将自身打造成培育广大党员的平台、团结广大师生的核心、先锋带头和攻坚克难的堡垒，以及展示党员、标兵先进事迹的模范示范阵地。组织"通用航空大讲堂"，安排优秀党员分享工作体会、工作经验。坚持挖掘党员教师在日常生活和工作中的模范带头事迹，同时对优秀典型事迹和典型个人的突出成就、工作亮点、成长经验、工作感悟等进行及时总结、广泛宣传，以典型振奋精神，以典型凝聚力量。教师的先进事迹先后被中国教育电视台、陕西教育新闻网、《三秦都市报》报道，起到了很好的示范带动作用（如图3所示）。

图3　媒体报道先进事迹

四、经验总结

专业群以习近平新时代中国特色社会主义思想为指导，以"立德树人"为根本任务，把党建与"双高计划"建设有机融合，形成了"四个引领""五个融合"的党建工作思路，并构建了"六位一体"的党建工作机制，实现了制度创新。同时，专业群通过实施"双带头人"模式，创新学习方法，优化内部设置，完善管理机制，拓宽宣传途径等措施，在"双高头雁"和"思政育人"品牌上取得了显著成效。

第二部分

人才培养

案例 1

突出"四个回归" 实施"课堂革命·西航行动"
打造技术技能人才培养高地

摘要：为促进学校教育教学高质量发展，打造技术技能人才培养高地，西安航空职业技术学院坚持课堂教学主阵地，开展以"一课一书一空间"为核心内容的"课堂革命·西航行动"，打造"金课、金书、金地"建设，促进课程改革，以课程为本提高人才培养质量，以"回归常识、回归本分、回归初心、回归梦想"为举措，全面提升人才培养质量。

关键词：四个回归；课堂革命；西航行动

一、实施背景

《国家职业教育改革实施方案》《职业教育提质培优行动计划（2020—2023 年）》指出，把"发展专科高职教育作为培养大国工匠、能工巧匠的重要方式，高职教育肩负为区域和行业发展输送急需的高素质技术技能人才重任"。近年来，学校紧握课程建设育人基本单元，坚守课堂教学育人主阵地，坚持"回归常识、回归本分、回归初心、回归梦想"的"四个回归"，紧盯国家职业教育发展和产业数字化转型，引入行业企业新技术、新工艺、新方法，建成了一批聚焦课堂实效的课程、教材、实训基地等，全面提升了人才培养质量，为产业发展和国家富强贡献了"西航智慧"和"西航力量"。

二、主要做法

（一）回归常识，突出学生中心

学校坚持以学生为中心，围绕航空行业、企业对技术技能人才的职业能力要求，切实做好学生职业起点的知识、能力、素质的基础性培养工作。一是引导学生求真学问、练真本领，养成读书习惯，将课堂理论技能学习与课外拓展知识学习相结合，鼓励学生阅读专业科普书籍。学校图书馆每学期开展"星级阅读达人"评选活动，鼓励和支持学生刻苦读书、多读书、读好书。二是激发学生的学习动力和专业志趣，真正把内涵建设、质量提升体现在每一个学生的学习成果上。充分发挥蓝翔航模社、无人机社团等 56 个学生社团的专业潜能启蒙培养效用，激发学生对专业的热爱和兴趣，其中，平均每个学生参加学生社团 1.2 个；通过寓学于活动，寓教于乐趣，提升了学生专业跨类知识融合能力。三是推行《素质教育证书制度》，以积分方式累计学生第二课堂学习成果，通过参加"杰出校友面对面""大国工匠进讲堂"等专题讲座，参与"三支一扶""创新创业工坊实作"等专项活动提高学生的综合素质。

（二）回归本分，引导教师潜心教学

引导教师热爱教学、倾心教学、研究教学，潜心教书育人。一是坚持以师德师风作为教师素质评价的第一标准。把课堂教学考评和师德师风标准作为教师专业技术职务晋升中的一票否决项，将课程思政育人能力作为职称晋级的必备条件。二是坚持"教授上讲堂、名师授课忙"。规定教授、名师最低承担课堂教学任务量，充分发挥国家"万人计划"教学名师张超教授等 2 个国家级名师、唐忍雪等 4 个全国行业教学名师、王瑜瑜等 22 个省级教学名师的高水平课堂教学效应，引导全体教师以课堂为中心潜心教学。三是打造"金牌教师大赛""青年教师教学比赛"等教师赛教品牌活动，鼓励教师不断提升教学能力。每两年开展"金牌"教师比赛（副教授以上必须参加）活动，获奖教师在各类评优评先中优先考虑，作为"名师"评选的必要条件；在 40 岁以下教师中，每年开展青年教师基本功赛教活动，引导教师学规范、知学情、推教改、抓课堂、提效果。

（三）回归初心，致力培养航空工匠

学校将课程建设作为人才培养的基石，坚持"岗课赛证"融通，开发专业课程，培养满足产业需要的高素质技术技能人才，实现教育报国、教育强国。一是专业课程标准对接职业能力要求，根据专业主要面向岗位的核心能力需求，对接与专业契合度高的职业技能（职业资格）等级证书的标准，将证书的知识、技能体系进行解构、重构，并转化为学生的素养、知识、能力要求，同时注重"四新"内容的引入。二是着力推进专业课程与专业关联度高的职业技能大赛结合，对技能大赛的项目进行教学化改造，将综合运用内容设计成教学项目，把单独的知识点和技能点设计成教学任务，以年度为周期动态更新课程内容。三是将职业技能等级证书的考核方式和技能大赛的考核标准引入课程的评价考核中，将职业道德、职业素养等体现职业性的要求融入课程评价体系，把过程性评价和结果性评价有机结合，从而体现对学生素质、知识、能力的综合评价要求。

（四）回归梦想，培养航空报国之志

坚持正确的政治方向，促进专业知识教育与思想政治教育相结合，用知识体系教、价值体系育、创新体系做，倾心培养建设者和接班人。一是落实"立德树人"根本任务，推动全面育人，提升教师课程育人能力。通过开展课程思政大练兵、课程思政优秀案例评选、课程思政云端集体备课，长期聘用国家级教学名师、陕西师范大学傅钢善教授等一批

专家学者进行专题讲座和学术研讨会等活动，提升教师思政元素挖掘、与专业课程融合的设计能力等。二是建设学校共享型课程思政教学资源库。以"校—省—国"三级思政示范课程建设为抓手，分专业大类，挖掘课程思政元素；将思政元素数字转化为音频、小视频、动画等形式的素材，结合专业特点，按科学精神、工匠精神、家国情怀、文化自信等类别作为思政教学资源库主要内容。三是构建全时空浸润式育人环境，建成2 500平方米的人文素质楼，包含三馆（红色精神馆、航空精神馆、廉洁教育馆）两坊（虚拟仿真思政学坊、红帆学社创新工坊）一廊（马克思主义中国化时代化理论成果长廊），将"航空报国、追求卓越"的情怀根植于学生心中，将思政育人融入人才培养过程中的各个方面，实现全员、全过程、全方位育人。

三、成果成效

（一）形成了"门门课程有思政，教师人人在育人"的育人格局

各专业结合专业特色制定了课程思政实施方案，一批专业凝练出"追求卓越、航空报国""精技强艺、精益求精"等主题突出、特色鲜明的思政主线，形成了专业课程与思政课同向同行的育人局面。自"双高计划"建设以来，专业群编制了《飞机机电设备维修课程思政案例集》等案例集，实现8个专业群的课程思政全覆盖；课程思政专项课题立项省级354项、校级527项；认定了12门校级课程思政示范课；建成了1门国家级课程思政示范课程，2门省级课程思政示范课程。50余名教师参加了校级思政大练兵的现场展示，共有7名教师获得省级思政课程"教学标兵"及课程育人"教学标兵""教学能手"荣誉称号。2022年，学校承办航空行指委主办的全国航空类院校集体备课会，组织全国知名专家及4所航空类院校的8个课程思政教学团队进行了线上讲座与分享交流，2 000余名教师在线参加了会议。通过一系列活动的开展，专业课程要实现知识技能与育人并重的理念，在全体教师中已深植于心，外化于行。

（二）构建了保障赛教互促，教学相长的大赛运行机制

学校将职业院校技能大赛作为促进教师教学水平和学生学习效果提升的重要途径。一是推行"一专业一赛项"，每个在校学生必须参加不少于一种的技能竞赛，实现专业全覆盖，推行人人参加大赛，达到人人技能提升的目的。二是强化大赛奖励，修订《西安航空职业技术学院大学生技能竞赛管理办法》《质量工程奖励办法》《学生成绩加分、免修、学分置换办法》等制度文件。三是建立起"1433"的大赛运行机制，即"校赛选种子、省赛育苗子、国赛拔尖子"的一种选拔机制，坚持将技能大赛与"实验室建设、学生社团建设、三教改革、社会服务"的"四个结合"，做好"经费、权益、激励"的"三个保

障"，进而实现"学校影响力""教师能力""学生发展能力"的"三个提升"。自2019年以来，学校承办各级各类技能竞赛40余项，师生参加各级各类比赛380余项，其中国家级大赛54项、世界级技能大赛2项、金砖国家大赛1项、工信部技能大赛3项。学生共获得各类国家级技能大赛奖项44项（其中一等奖8项），省级技能大赛奖项406项（其中一等奖87项）；教师教学能力比赛共获得省级奖项21项（其中一等奖6项），获国家级奖项6项（其中一等奖3项）。

（三）彰显了进口旺出口畅的"西航职院"品牌效应

学校近5年来毕业生就业去向落实率均保持在95%以上，就业岗位的专业相关度高出全国高职院校平均水平16%，用人单位满意度高出全国高职院校平均水平11%；学校毕业生中涌现出彭小彦、叶牛牛、张向峰等一批大国工匠、技术能手，陕西省6年认定的60名首席技师中有7名毕业于学校，空军航修系统认定的16名"蓝天工匠"中有3名出自学校。学院毕业生技术过硬、素质高，在用人单位得到普遍认可，60%的毕业生就职于中国航发、航空工业等国有大型企业。近3年来，学校平均报考率超过200%；2023年，学校普通高考录取分数线文理科均达到陕西省二本分数线，录取人数再创新高。

四、经验总结

学校聚焦课堂教学主阵地，突出专业职业核心能力培养，以教师教学能力比赛为抓手，以点带面提升教师教学设计能力、教学实施能力、教学评价与教学反思能力，推动课堂教学根本性变革，实现"四个回归"，全力打造课程思政有高度、教学内容有深度、师生互动有温度、学习成果有效度的课堂"四度"教学新生态，让教师开心授课，让学生快乐学习。

案例 2

协同共生　数智赋能　打造航空类高水平专业群人才培养新模式

摘要：学校落实"立德树人"根本任务，紧跟职业教育改革发展新需求，树立专业育人新理念，深入推进产教融合、科教融汇。通过构建校企协同共生的育人机制、贯通标准的产业模块化课程体系、数智赋能的多维立体教学资源和名师领衔的阶梯成长教师团队，打造了"协同共生 数智赋能"的航空类高水平专业群人才培养新模式。

关键词：协同共生；数智赋能；人才培养新模式

一、实施背景

学校落实"立德树人"根本任务，坚持走航空特色发展之路，以服务国家战略和区域经济发展为目标，培养适应于航空产业数字化发展的高素质技术技能人才。学校积极落实《职业教育专业目录（2022 年修订）》新要求，升级人才规格要求和培养目标，修订专业人才培养方案，更新专业教学内容，构建了校企协同共生的育人机制、贯通标准的产业模块化课程体系，全面推进专业实训基地和教学资源的数字化改造与升级，打造名师领衔的阶梯成长教师团队，整体提升专业对数字经济的适应性。

二、主要做法

（一）构建内生驱动机制，激发企业育人主动性

学校积极调研走访，深入剖析校企双主体在人才培养、项目研发和技术服务等方面的问题与堵点，采用"合作—激励—动力"相结合方法，构建了"招生招工一体、学生学徒一体、工位岗位一体、教师师傅一体、评价标准一体"的校企协同共生育人机制，激发企业育人主动性（如图 1 所示）。一是建立合作机制。学校与中国人民解放军第 5702 工厂共建"5702 产业学院"、与华为公司共建"华为鲲鹏产业学院"等产业学院 7 个，通过先进设备对接实训设备、生产项目对接教学内容、生产过程对接教学环节、企业师傅纳入教学团队，创建校企一体化育人机制。二是构建激励机制。主动对接地方经济和市场产品，构建项目→教学→产品→市场的成果转化机制和产出导向的校企激励机制，将双导师带徒纳入职称评定范畴，双导师、学徒在生产教学过程中取酬、领薪。三是形成动力机制。在政府支持、监督下，"政军行企校"五方组成产业学院理事会，制定《产业学院理事会章

程》《校企合作项目管理办法》《双导师遴选及管理办法》等10余项制度，依托技能大师工作室等平台，推动校企技术、资源、管理融合，打通学徒→准员工→员工的成长通道，促进校企人员双向流通。

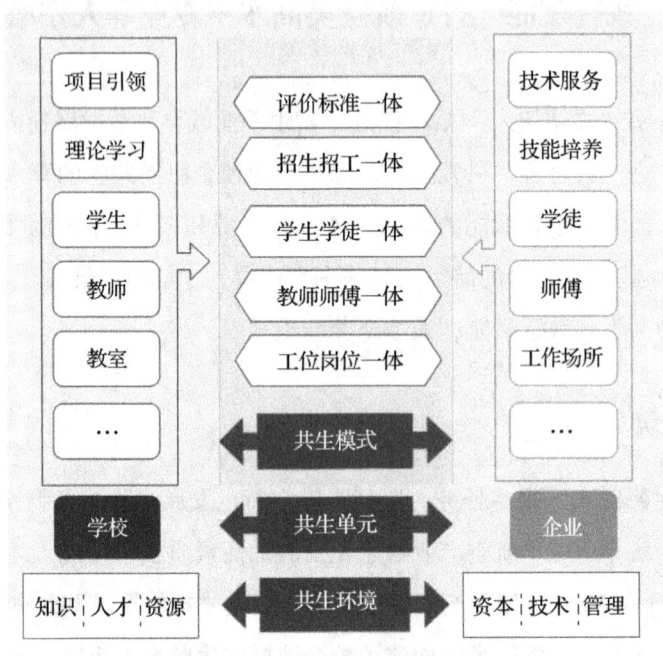

图1 校企协同共生育人机制

（二）重构模块化课程体系，培养"军民两用"人才

学校各专业群主动对接行业龙头企业需求，按照"物权自有、使用权共有、收益权共享"的原则，及时将企业新技术、新工艺、新规范引入专业教学。联合航空头部企业、航空行指委等组建航空类专业建设指导委员会，剖析学生从业后的职业岗位能力需求和典型工作任务，将《空军航空修理系统从业人员资格考核大纲》《民航工人技术等级标准及培训大纲》等行业标准融入专业教学标准，贯穿"军航精技能、民航重规范"的核心素养，面向航空维修五大核心岗位模块，以典型工作任务为载体，将军航两类、民航三类标准和职业准入资格证书要求的知识与技能补充融合到教学内容中，构建"航空基础+航修通用+机务核心+综合应用+岗位拓展"五阶递进职业能力培养的模块化课程体系（如图2所示）。

（三）开发多维立体的数字资源，全面实施"课堂革命"

学校积极落实《职业教育专业目录（2022年修订）》等文件要求，各专业群积极开展专业升级和数字化改造，培养具有较高数字素养的航空类专业技术技能人才。学校建立了校级、省级、国家级在线课程建设培育体系，分级、分类建设专业核心课程数字化资源，保证"双高计划"建设期间专业核心课程完成数字化改造；引进中国智慧教育平台、超星

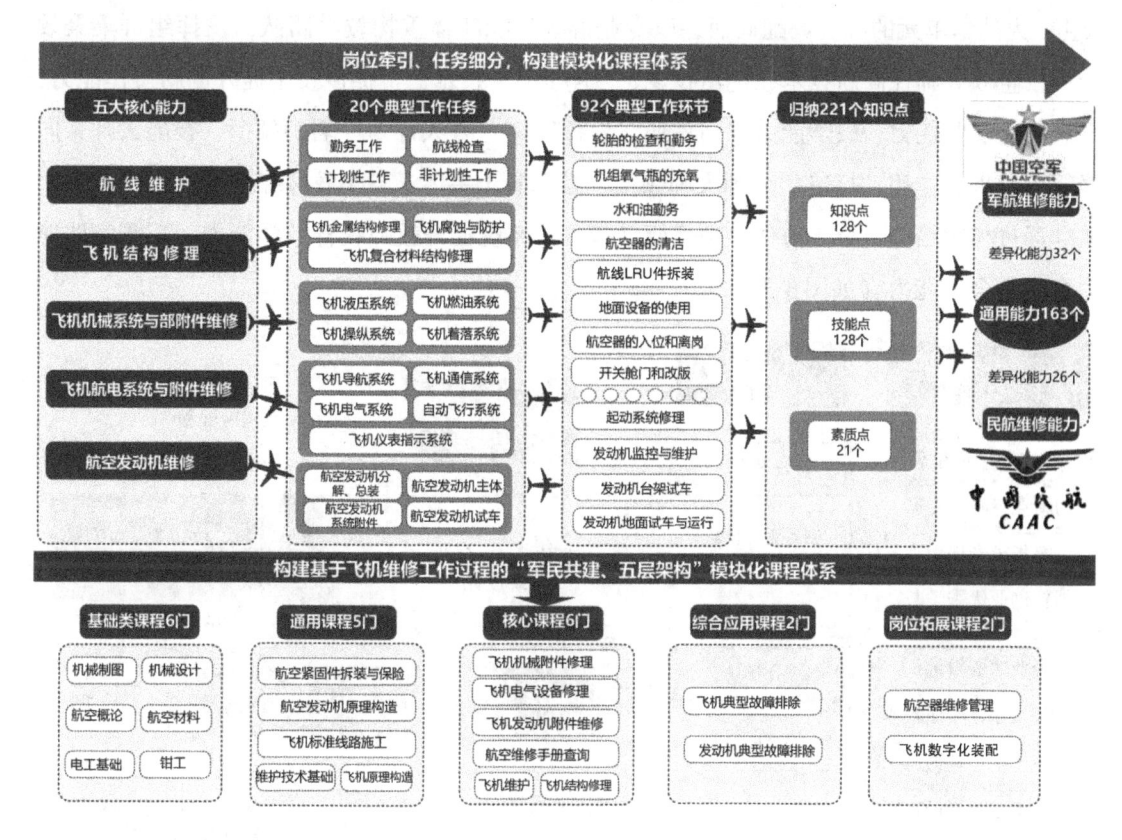

图2 专业群模块化课程体系示例

尔雅、智慧树等主流平台，定期组织专家进行平台应用与课程推广培训，助力"课堂革命·西航行动"；鼓励建设在线开放课程教学团队，同步开发数字化新形态教材，积极开展线上线下混合教学，争做学校"一课一书一空间"的课堂革命先行者，打造了一批课堂教学改革示范创新团队。例如，民航服务运输专业群以国家"空中乘务"专业教学资源库建设项目为抓手，紧密对接民航标准，充分挖掘行业资源，开发了6 675条微课、动画素材，建成国家级精品在线开放课程1门、国家"十四五"规划教材3本、省级精品在线课6门等多维立体化教学资源。

（四）打造结构化教学团队，提升教师教研能力

发挥国家万人名师和国家级黄大年式教师创新团队"头雁效应"，组建"大师＋名师"领衔、"骨干教师＋技术骨干"主体双导师教学团队，系统提升教师能力。要求全校教师树立以学生为中心的教育观，提升教师信息化意识。紧跟产业发展与专业需求，将信息素养纳入教师发展内容，设定"能担当、能教学、能实践、能研发"的"四能"高职教师培养标准，建立"新进教师→合格教师→骨干教师→名师专家→领军人才"的教师阶梯成长路径。重构"群内互通、专兼有序、能力互补"的组织架构。打破专业内以课程

（组）为基本单元的师资调配局面，以专业群为组织实体重构教学团队，发挥组群集聚效应；校企双导师在高新技术、绝活技艺、"卡脖子"技术、带徒传技中提升创新协作能力，促进工程实践能力、教学能力双向贯通。发挥国家"万人计划"名师领衔、技能大师张向锋等模范带头作用，打造"名师大师领衔、技术骨干主体、青年教师夯基"的教学创新团队。通过梯次培养、分工协作、项目驱动等方式系统提升教师教育教学能力、工程实践能力和团队合作能力（如图3所示）。

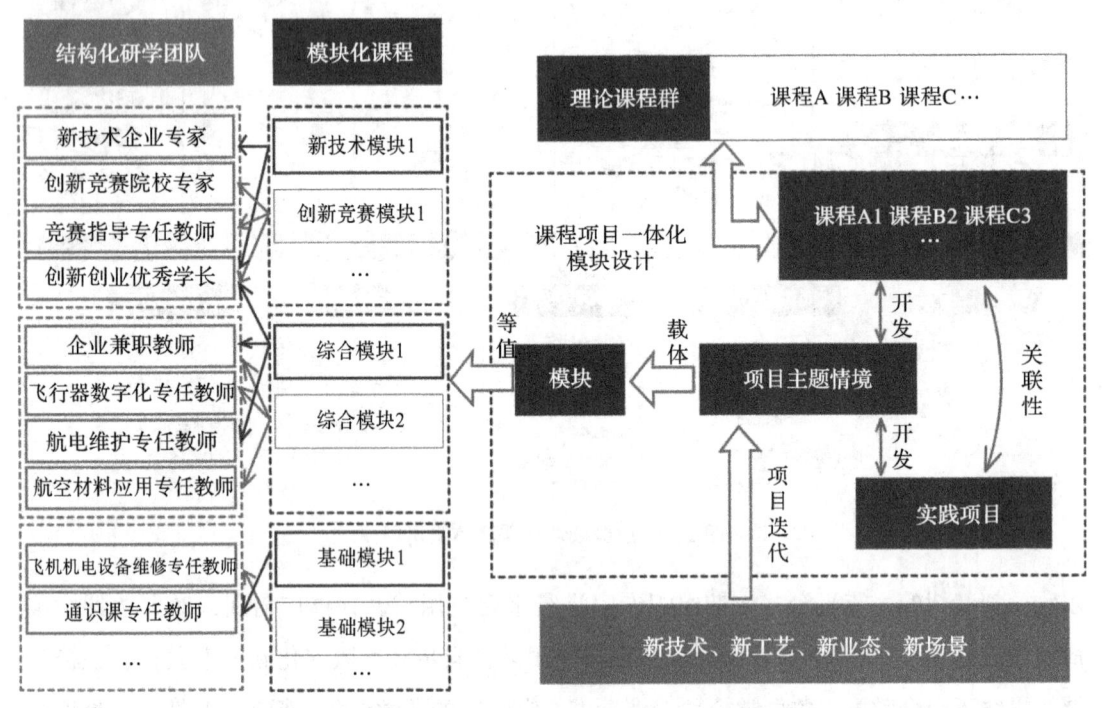

图3 打造德技双馨、阶梯成长的双导师团队

三、成果成效

（一）建成了"长效合作、双向激励"的协同共生育人机制

坚持"校地融合、产教融合、军民融合"的三融战略，组建"政军行企校"五方协同育人共同体，建立"招生招工一体、学生学徒一体、工位岗位一体、教师师傅一体、评价标准一体"的校企协同共生育人机制，有效解决了航空类专业传统教学"四新"对接时滞问题。2023年，学校入选首批教育部航空职业教育示范联盟、市域产教联合体（全国28所，陕西高职院校唯一）建设培育单位。

（二）构建"基础共享+专业相通+拓展互选"的产业模块化课程体系

自"双高计划"建设以来，学校将用人规格从军用拓展至民用，明确了以培养"军民两用"人才为目标。8个专业群紧密对接航空产业需求，面向航空产业核心岗位模块，以典型工作任务为载体，军航、民航共建"基础共享＋专业互通＋拓展互选"的递进式职业能力培养的课程体系，助力专业数字化升级。2023年，学校专业人才培育荣获国家级教学成果一等奖1项、二等奖2项，在教学成果奖方面位居全国航空类院校首位。

（三）建成多维立体化教学资源，推动专业数字化转型升级

坚持项目引领，开发虚拟实训项目，建成"虚实结合"的航空维修、无人机应用及航空物流实训基地。建成了国家级专业教学资源库2个、虚拟仿真实训基地、在线精品课程3门，规划教材12本、优秀教材等教学资源，有效解决了实践教学"三高四难"、人才考核评价单一、教师难于因材施教等痛点、难点。

（四）建成德技双馨、创新协作的"名师领衔"双导师团队

发挥名师引领作用，建立了团队协同"建设、运行、发展"工作机制，互培共长，建成了国家级高校黄大年式教师团队、教师教学创新团队（优秀验收）、课程思政示范团队各1个，省级黄大年式教师团队2个，省级高校青年创新团队3个。

四、经验总结

自"双高计划"建设以来，学校紧跟职业教育发展新要求，坚持航空特色发展，以打造一批引领改革、支撑发展、中国特色、世界水平的高水平专业群为抓手，充分发挥学校在人才培养、技术创新、社会服务、产业支持等方面的支撑作用。

（一）以打造航空特色专业群为抓手，引领职业教育改革

学校坚持走航空特色发展之路，主动对接国家航空产业和区域经济发展需求，整合校内优势资源，以群建院形成专业群发展合力。紧跟航空产业升级发展需求，打造航空维修、航空制造、航空服务的服务航空全产业链的8个专业群，充分发挥学校在人才培养、技术创新、社会服务、产业支持等方面的支撑作用。

（二）以构建校企协同机制为关键，推动产教深度融合

面对学校教学与产业新技术对接不及时、教学生产设备落后企业生产等突出问题，学校首次将生态学"共生"理论引入专业人才培养，提出航空类专业"学生中心、产出导向、军民两用"的育人新理念，构建了协同共生、长效合作的校企育人机制，实现了校企在资本、人才、知识、技术、资源、管理等方面双向赋能、互惠互依，有效解决了航空类专业传统教学"四新"对接时滞问题。

（三）以开发航空数字资源为突破，实施课堂教学改革

为解决航空类专业教学存在的"三高三难"问题，有效提升专业育人质量和规格，学

校牵头制定《飞行器智能制造技术》《航空维修专业实训条件建设标准》等专业教学标准；主动承接国家级专业教学资源库建设项目、虚拟仿真实训项目、在线开放课程和规划教材建设项目，开发建设了一批引领航空院校课堂教学改革的原创性教学视频、实训软件和案例等多维立体化教学资源，填补了航空职业教育的数字化资源缺乏的空白。

案例3

理念引领 聚焦航空 构建"1235"师德师风建设体系

摘要：西安航空职业技术学院积极探索师德师风建设模式，依托区域航空特色和学校航空专业背景，在师德师风建设中强化思政、聚焦航空，探索形成了"一个理念、两个结合、三个保障、五个融入"的"1235"师德师风建设体系，切实推动了师德师风的理念、内涵、机制和路径建设，打造了一支师德高尚、政治素质过硬、业务能力精湛的高素质教师队伍。

关键词：师德师风；航空特色；教师队伍；高素质

一、实施背景

自党的十八大以来，习近平总书记多次就加强师德师风建设发表重要讲话，强调评价教师队伍素质的第一标准是师德师风，先后对广大教师提出"四有""四个引路人""四个相统一""六要"的标准和期望，要求在全社会大力弘扬尊师重教的良好风尚。学校从战略高度充分认识师德师风建设工作的极端重要性，积极探索师德师风建设模式，以创新理念、丰富内涵、健全机制、拓宽路径为抓手，构建形成了"1235"师德师风建设体系，进一步提高了教师队伍思想政治素质和职业道德水平，在师德师风建设方面实现了新跨越（如图1所示）。

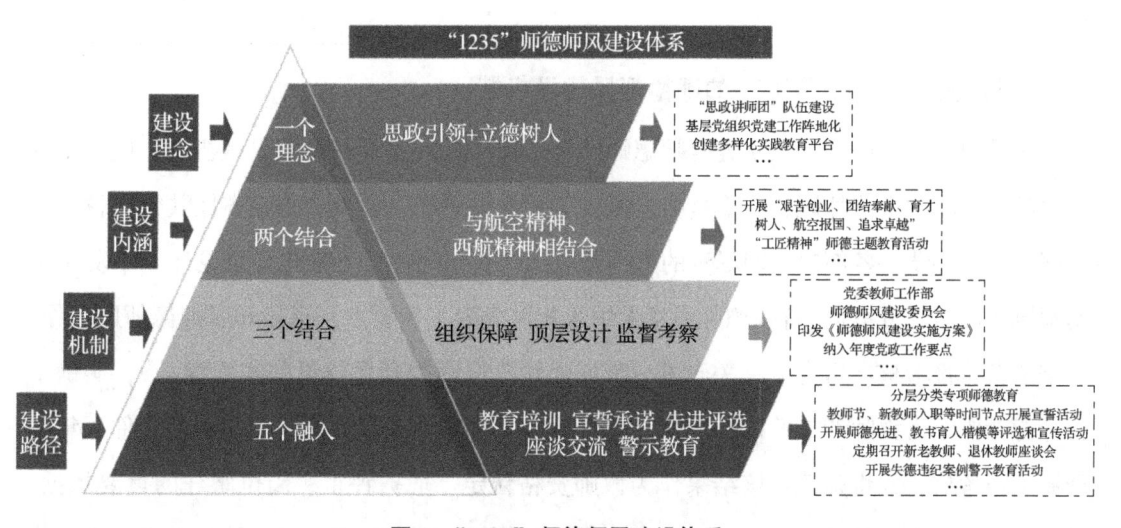

图1 "1235"师德师风建设体系

二、主要做法

(一) 形成"思政引领+立德树人"的师德师风建设理念

充分认识师德师风在教师队伍建设中的战略意义，依托马克思主义学院"思政讲师团"队伍建设，搭建了"时政大讲堂"和"红帆学社"两个思政互动平台，牢固树立马克思主义在意识形态领域的主导地位。推进基层党组织党建工作阵地化，实现教师党支部"双带头人"全覆盖。创建多样化实践教育平台，统筹陕西红色教育资源，成立了"航空报国""红色照金""峥嵘马栏""圣地延安"四个教育中心，为师德师风建设提供平台支撑。

(二) 构建"航空精神+西航精神"结合的师德师风建设内涵

依托区域航空特色和学校专业背景，紧密围绕"忠诚奉献、逐梦蓝天"的航空精神和"艰苦创业、团结奉献、育才树人、航空报国、追求卓越"的西航精神，深入挖掘区域航空文化、航空人物、航空故事等师德育人要素，结合西航人物、西航故事，特别是老一辈西航人艰苦奋斗、爱校如家的赤子情怀，西航学子精益求精、踏实肯干的匠人之心，将航空精神、西航精神有机融入师德师风建设中，在原有师德师风建设的基础上，形成了"传统师德+航空精神+西航精神"的模块化师德师风育人内容体系。聘请试飞英雄黄炳新、全国道德模范薛莹为学校师德师风德育导师，聘请陈一坚院士、王巍院士为航空专业特聘教授，充分发挥各自专业和技能所长，以身立教传播航空文化、航空精神，在学校教育教学、教师队伍建设、校企合作等方面贡献智慧和力量，引导广大教师精益求精、静心从教。

(三) 健全"三个保障"的师德师风建设机制

一是加强组织保障。建立健全师德师风校、院（处、室等）两级管理机制，成立了党委教师工作部和师德师风建设委员会，形成了党委集中统一领导、党政齐抓共管、教师工作部门统筹协调、各部门履职尽责的师德师风工作新格局。二是强化顶层设计。印发《师德师风建设实施方案》，将师德师风建设纳入年度党政工作要点，指导开展师德师风工作。三是落实监督考核。出台了《关于进一步加强和改进师德师风建设的实施意见》，明确了将师德考核作为教师考核的核心内容，同时出台了师德考核和负面清单等制度文件，年度开展师德考核，并将师德考核结果作为教师资格认定、职务评审、岗位聘任的重要依据，对师德考核不合格的教师实行"一票否决制"，并将每年考评结果存入教师人事档案，作为教师管理的重要依据。

（四）形成"五个融入"的师德师风建设路径

一是融入师德培训。针对青年教师、辅导员、思政教师等开展分层分类专项师德教育，形成教师年度轮训制度，通过"名师大讲堂""师德讲堂""师德第一课"等专题培训，邀请校内外专家作师德师风主题报告，开展有针对性的学习、教育、反思活动，各类师德培训达万余人次。依托校内人文素质楼、功勋飞机园等教育基地，组织教师前往师德师风教育实践馆、照金革命根据地等开展实践教育，引导教师坚定奉献于国家教育事业的决心。二是融入宣誓承诺。利用教师节和新教师入职等时间节点，全面开展教师宣誓活动，引导广大教师信守师德规范，履行师德承诺，切实增强教师的责任感、使命感和荣誉感。三是融入先进评选。组织开展师德先进、教书育人楷模等评选和宣传活动，讲好师德故事，开展向各级优秀教师、教学名师、师德楷模等先进典型学习宣传活动，充分发挥先进典型的引领示范作用。四是融入座谈交流。定期召开新老教师、退休教师交流分享座谈会，传承前辈以德治教、以身立教的优良传统，为教师交流搭建良好平台。五是融入警示教育。建立完善师德违纪问题案例库，印制《师德师风警示教育学习汇编》，常态化开展警示教育。组织开展失德违纪案例警示教育活动，举行警示教育报告会，强化警示教育的实效性。

三、成果成效

（一）形成"1235"师德师风建设体系

学校牢固树立"立德树人"的根本任务，进一步提高政治站位，全面贯彻落实中央、省级关于师德师风建设重要指示精神，深刻认识师德师风在培养高素质教师队伍中的极端重要性，将师德师风建设贯穿教师队伍建设的各个方面和教师发展的全过程，经过探索实践，形成了"思政引领＋立德树人"的师德师风建设新理念，构建了"航空精神＋西航精神"结合的师德师风建设新内涵，健全了"三个保障"的师德师风建设新机制，形成了"五个融入"的师德师风建设新路径，构建了"1235"的师德师风建设体系，推进教师全员、全方位、全过程师德养成。

（二）打造师德高尚教师队伍

自"双高计划"建设以来，学校始终坚持以"立德树人"为根本，按照"一个理念、两个结合、三个保障、五个融入"的"1235"师德师风建设思路，将师德教育、典型宣传、文化融入和平台建设贯穿师德师风建设始终，师德师风建设各类成果显著。学校获批陕西省师德师风建设基地，新增人才队伍相关国家级奖项 3 项、省级奖项 42 项，其中国家"万人计划"教学名师 1 人、国家级教师教学创新团队 1 个、全国高校黄大年式教师团队 1 个、省级黄大年式教师团队 2 个、省级师德示范建设团队 2 个、省级师德标兵 2 人、省级教书育人楷模 2 人、省级教学名师 7 人、省级最美教师 1 人、"三秦工匠" 2 人、陕西省五一劳动奖章获得者 2 人、陕西最美退役军人 1 人，实现了教育部师资队伍相关奖项大满贯（如图 2 所示）。

图 2 师德师风方面相关荣誉

四、经验总结

（一）坚持思政引领，筑牢师德根基

学校深入学习贯彻习近平新时代中国特色社会主义思想，落实习近平总书记关于师德

师风建设的重要论述和指示批示精神，始终坚持"立德树人"根本任务，坚定正确的政治方向，把师德师风作为评价教师队伍素质的第一标准。锚定筑牢教育之基、拓宽强师之路的发展方向，通过创新理念、丰富内涵、健全机制、拓宽路径的实施举措，打造了一支师德高尚、业务精湛、能力突出、结构合理、充满活力的高素质教师队伍，营造了尊师重教、师德高尚的良好氛围。

（二）彰显航空特色，丰富师德内涵

师德师风建设中应彰显学校特色，西安航空职业技术学院不断夯实师德师风建设的基础，深入挖掘航空精神和"西航精神"的文化要素，丰富师德师风建设内涵。将"忠诚奉献、逐梦蓝天"的航空精神和"艰苦创业、团结奉献、育才树人、航空报国、追求卓越"的"西航精神"与传统师德育人体系有机衔接，构建了模块化师德师风育人内容体系，全面推进了学校师德建设和思想政治教育工作。

案例 4

构建"双元育人"模式 服务飞机制造产业

摘要：飞行器数字化制造技术专业立足于中国航空基地阎良，发挥飞机制造产业集中优势，以探索实践校企"双元育人"模式为抓手，积极与区域专精特新型企业开展校企合作，通过校企对接、双元共育、岗课对接及双向交流，确立了人才培养新目标，制定了考核评价新体系，建设了课程教学新资源，促进了双师团队新发展。

关键词：校企合作；双元育人；人才培养

一、实施背景

飞行器数字化制造技术专业作为国家级高水平专业群核心专业之一，在服务区域飞机制造产业高质量发展中，与航空基地西安兴航航空科技股份有限公司（简称兴航航空）、西安鑫旌航空科技有限责任公司（简称鑫旌航空）积极开展校企合作，双方以培养高素质技术技能人才为宗旨，通过改革人才培养模式、优化课程体系、创新教学方法等举措，推进校企合作新模式的建设，推动学校人才培养供给侧与企业需求侧结构性改革，促进职业教育和产业发展有机融合。

二、主要做法

校企强化顶层设计，推动劳动用工标准和人才培养目标相结合，人才培养方向对接行业、企业的实际用工需求，教学标准对接实际岗位标准。以国家高水平专业群为依托，校企双方组建专兼结合的教师团队，建设产教融合实训基地，搭建技术交流服务平台，实现校内教学资源与企业生产资源充分融合、为航空基地飞机制造企业输送高端人才的目的。

（一）校企双元对接，明确飞机数字化制造人才新需求

为提高专业人才培养供给结构与产业结构的匹配度，学校充分调研了航空工业西飞公司、西飞民机公司等行业龙头企业及兴航航空等专精特新型企业，确立了产业数字化升级下专业人才培养的新目标，即以培养能够在生产岗位上用科学技术创造性解决技术应用问题，熟练掌握智能制造设备应用的高素质技术技能人才，梳理飞机制造产业若干岗位群，参照岗位群制定人才培养的目标。

专业人才培养共五个学期，在每个学期的教学实践进程中遵循循序渐进的原则。第一

学期组织学生参观航空工业西飞公司、一飞院等企业，实际感受飞机研发、生产过程，激发学生对航空制造专业的兴趣；第二学期邀请企业专家、大国工匠、行业技术能手来学校进行交流和讲座，培养学生劳模精神、劳动精神、工匠精神，落实"立德树人"根本任务；第三、第四学期进入兴航航空等企业完成飞机复合材料成型技术、飞机铆接装配，以及飞机数字化技术实训课程，学生能够"学中做、做中学"，深化理论知识，夯实实践技能；第五学期学生进入企业完成毕业设计，根据实际生产情况确定选题方向，由校内教师、企业技术人员共同指导完成（如图1所示）。

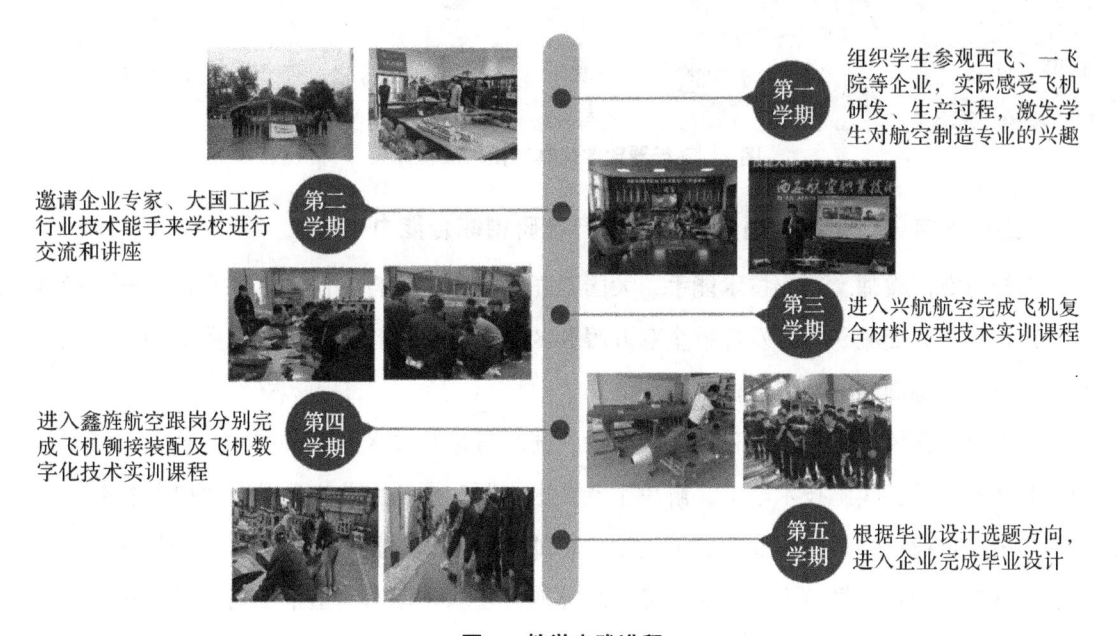

图1　教学实践进程

（二）岗课标准融合，建设飞机数字化制造立体化资源

课程体系优化重构，专业基于飞机制造核心岗位群，以典型工作任务为载体，参照真实工作过程，融合行业标准和教学内容，构建基于岗位群核心要求的模块化课程体系；同时优化实训教学内容，与企业共建产教融合实训基地，利用企业生产资源开展飞机尾翼复合材料成型技术实训项目、飞机机身总装装配型架安装实训项目及飞机结构零件机械加工实训项目。

分析飞行器数字化制造技术专业所对应的岗位要求，梳理出6大专业核心能力，对接岗位标准和"1+X"证书等级标准，确定了102个典型任务，以职业核心能力形成为依据，划分为行业基础能力、职业通用能力和岗位方向能力三个进阶式模块的课程体系（如图2所示）。

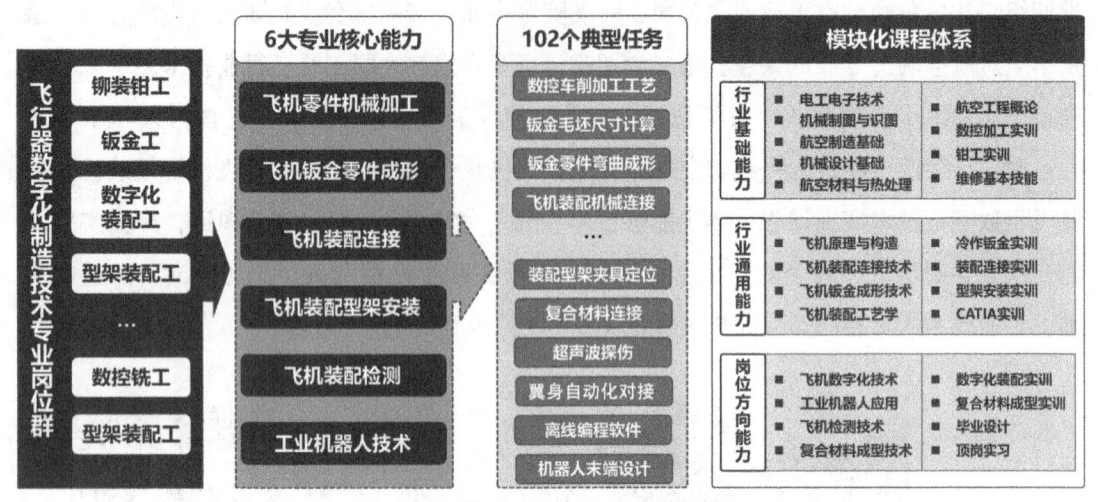

图2 飞行器数字化制造技术课程体系

（三）双向资源交互，提升双师团队产教研创综合能力

由校内专任教师、行业技术能手、大国工匠等专兼共组教学团队，并在产业学院模式下搭建技术服务交流平台，发挥校企双方服务区域航空产业转型升级，专业链精准对接产业链，教育资源深度融合产业资源等职能。

校内教师在校组织专业课程的教学活动，同时与企业技术人员共同立足企业进行科技创新和技术攻关，实施技术改造，解决生产技术难题，推动企业产业升级和技术进步。

学校在企业设立教师企业实践流动站，教师给企业职工教育与培训、产品研发、技术改造与推广等项目提供技术支持和服务；教师能够熟悉飞行器制造的项目设计、研发制造及流程再造等方面的技能，能够独立承担相关项目的建设任务，从而加强教师实践能力的培养，同步提升教学科研能力，促进人才培养质量提高（如图3所示）。

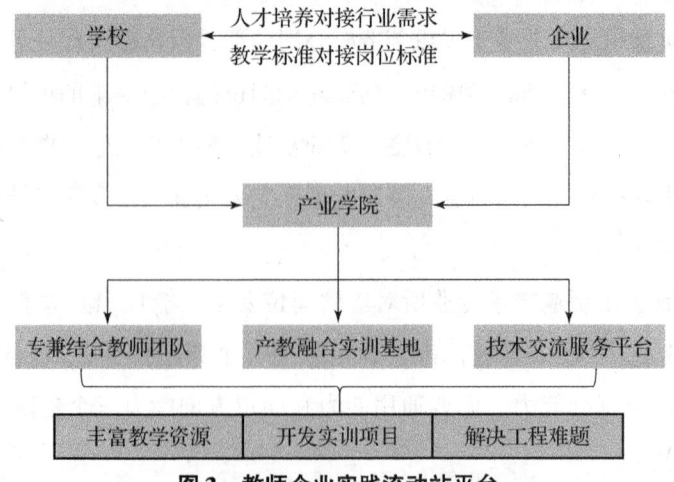

图3 教师企业实践流动站平台

（四）产品质检导向，制定职业能力养成考核评价体系

由学校教师和企业教师共同采用"双元对接"的考核方式，按照企业生产过程质量控制和产品质量检测标准制定考核内容，针对不同学习阶段的职业能力进行考核评价。学生的职业能力为考核重点，考核的主导是学校和企业担任理论课或实践性课程的指导教师；理论学习和实践性教学的考核评价，主要由学校的任课教师主持；学生在企业实习、顶岗期间的考核评价，主要由企业指导教师主持。考核以过程性考核和综合性考核相结合的形式进行，实现"校企一体、共育人才"。

在项目考核评价标准中，将考试与考核相结合、学历证书与职业资格证书相结合，以提高学生的就业率和核心竞争力。考试对接考核，将学校考试和企业岗位考核相结合，由企业对实习生岗位技能进行达标考核，由学校进行知识能力达标考核；将学历证书与职业资格证书相结合，学生毕业时可以同时获得毕业证和行业内各同类企业所认可的企业职业资格证书，确保学生能够在学校毕业并顺利进入工作岗位（如图4所示）。

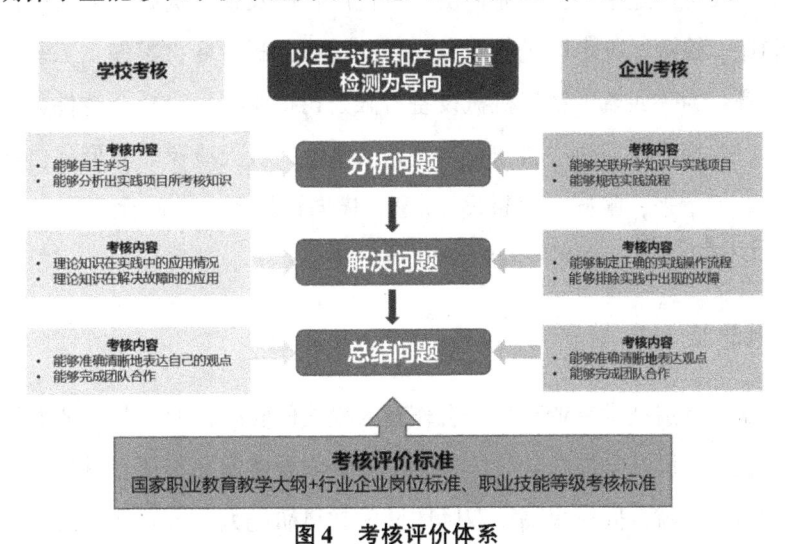

图4 考核评价体系

三、成果成效

（一）飞机主机厂人才招聘主渠道

飞行器数字化制造技术专业与鑫旌航空通过围绕人才培养开展校企合作，推进产教融合发展。先后与西飞、陕飞、贵飞、成飞等飞机制造龙头企业联合开展"订单式"人才培养模式，学生就业率超过95%，专业对口率超过85%，张向锋（中航首席专家）等西航学子快速成为企业骨干力量。

（二）飞制专业数字资源主标杆

课程体系优化重构，专业基于飞机制造核心岗位群，以典型工作任务为载体，参照真实工作过程，有机融合行业标准和教学内容，构建了"行业基础能力培养+职业通用能力培养+岗位方向能力培养"的模块化课程体系；学校主持、企业共同参与完成了"飞行器维修与制造数字化制造技术职业教育示范性虚拟仿真实训基地""飞行器制造技术资源库"的建设，以及 CATIA 产品与零件设计、飞机钣金成形技术、航空通用零件选材与热处理、飞机装配连接技术等省级在线开放课程的建设。

（三）航空基地中小微企业技改主力军

立足于航空基地，依托教师企业实践流动站打造中小微企业技术服务交流平台，瞄准行业高端，服务区域飞机制造产业。以解决企业"生产难题"为带动，团队教师深入行业、企业一线"问企所需，解企所困"，锤炼团队科技攻关能力，提升团队的科研、技术服务水平。面向飞机制造中小微企业输出学校优质科研及教育资源，为航空产业基地的企业提供产品制造、检测、技术改进等服务；为鑫旌航空解决复材零件、工装夹具的加工和装配的订单任务；为陕西航泰精工机械设备有限公司提供某型铝合金铸件数字射线无损检测的技术服务；为西安博辰航空科技有限公司某型无人机天线罩的成形提供技术改进和培训等社会服务。近年来，服务企业超过 20 家，横向课题到款 150 余万元，社会服务产值累计 2 100 余万元，技术培训累计 600 余万元。

四、成果总结

飞行器数字化制造技术专业对校企合作育人模式的实践，通过与企业共同制定专业人才培养目标、校企共同制定考核评价体系、整合校内外资源完善课程资源建设，实现对学生的培养、发展和成就。同时提高了双师团队的教科研能力，有效地解决了航空类高端技术技能人才企业需求侧和学校人才培养供给侧的结构性矛盾，切实地推动了校企合作内涵式发展。

案例 5

标准融通　军民两用　创新飞机机电设备维修专业群人才培养体系

摘要：军民融合国家战略要求军航和民航维修业深度融合，随着歼 20、C919 等国产航空装备投入运行，培养"军民两用"航空维修人才迫在眉睫。飞机机电设备维修专业群以军航、民航"标准融通"为主线，以航空维修"军民两用"人才培养为目标，构建以"军民共建"模块化课程体系为核心，以"互培共长"教师团队为基础，以"多维立体"教学资源为支撑，以"多元联动"人才培养评价机制为驱动的专业群人才培养体系。

关键词：标准融通；军民两用；人才培养体系

一、实施背景

随着军航技术升级、民航安全性和维修效率不断提高，"军民两用"技术技能人才要求更高、培养难度更大。专业群依托"国家示范性高等职业院校建设计划重点建设专业"项目及"航空机电设备维修专业工学结合教学模式研究与实践"等两个省级教改课题，按照"需求导向、标准融通、体系构建、实践优化"的思路，开展"军民两用"人才培养改革，形成航空机电设备维修专业"标准融通、军民两用"的人才培养体系。经过实践检验，人才培养成效显著，在国家"双高计划"专业群建设、国家级资源库等 8 个国家级项目中取得显著成效。

二、主要做法

专业群按照"五方共育创模式、任务依托优课程、三教联动提能力"的思路，解决军航与民航维修标准有差异、融合难度大，课程教学内容和军航与民航维修岗位要求有差异、师资队伍建设难度更高，教师教育教学改革、社会服务等能力有待提升等问题。

（一）五方共育，创新人才培养模式

深入调研、实地考察了 36 家军航、民航维修龙头企业，对 500 多名毕业生进行问卷调查，掌握毕业生职业定位、潜在就业岗位等内容，形成了人才需求调研报告。"政军行企校"五方组建专业群建设指导委员会，通过分析岗位群、工作过程等，明确军航、民航维修五大核心就业岗位；通过分析职业岗位能力需求和典型工作任务，融入军航、民航维修人员资格标准，归纳提出军航、民航"强作风+遵规范+精技能+懂工艺"的人才培养

规格，确定航空维修类"军民两用"人才培养目标。依据学生成长规律，将军航航空报国精神和民航质量意识贯穿人才培养全过程，构建"航空基础＋航修通用＋机务核心＋综合应用＋岗位拓展"五层架构的职业能力培养体系，优化专业人才培养方案，并实施专业群建设。

（二）任务依托，构建"军民两用"模块化课程体系

专业群与中国人民解放军第5702工厂、东方航空技术有限公司等单位相关领域专家、技能大师成立相应课程建设团队，针对五大核心能力，归纳出航线检查等20个典型工作任务，构建蜂窝夹层结构的修理等92个典型工作环节。以航空维修过程为主线，融合军航、民航标准，凝练整合出机械制图等6门航空基础类课程、航空紧固件拆装与保险等5门航修通用课程、飞机结构修理等5门机务核心课程、飞机典型故障排除等2门综合应用课程、飞机数字化装配等2门岗位拓展课程，构建基于飞机维修工作过程的"军民两用"模块化课程体系（如图1所示）。

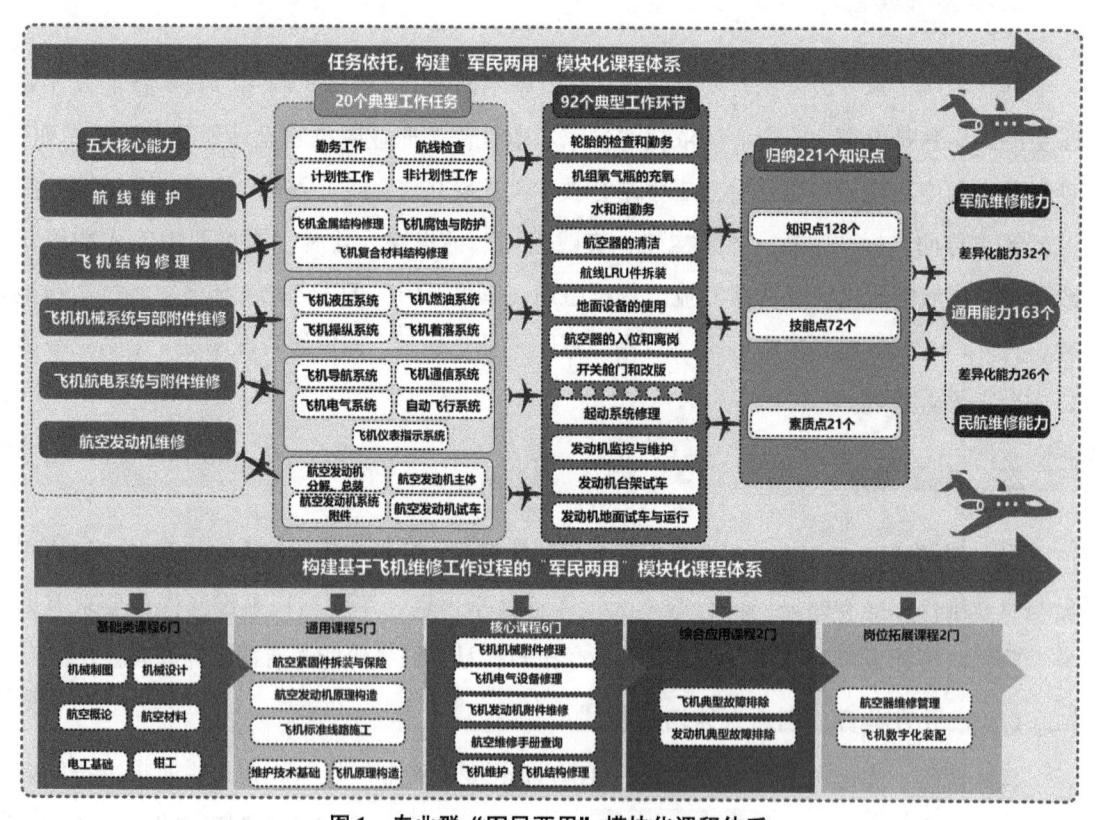

图1 专业群"军民两用"模块化课程体系

（三）三教联动，提升航空维修类专业教师能力

一是团队建设强基础。师德为先，校际、校企专兼共组航空维修教师团队，构建"建

设、运行、发展"机制，双向流动，联教联训，互培共长，提升教师专业建设、资源开发、关键技能改进与创新等能力。二是资源建设促改革。融合航空维修行业新技术、视情维修新知识，建设涵盖军航、民航核心岗位职业能力培养的虚实结合的实训教学资源库、在线课程等，编写校企双元活页式及工作手册式等教材。三是教法改革出实效。以技能大赛、教学能力比赛等赛项为抓手，促进数字化资源建设，开展线上线下相结合的教学模式改革，提高教师教学能力（如图2所示）。

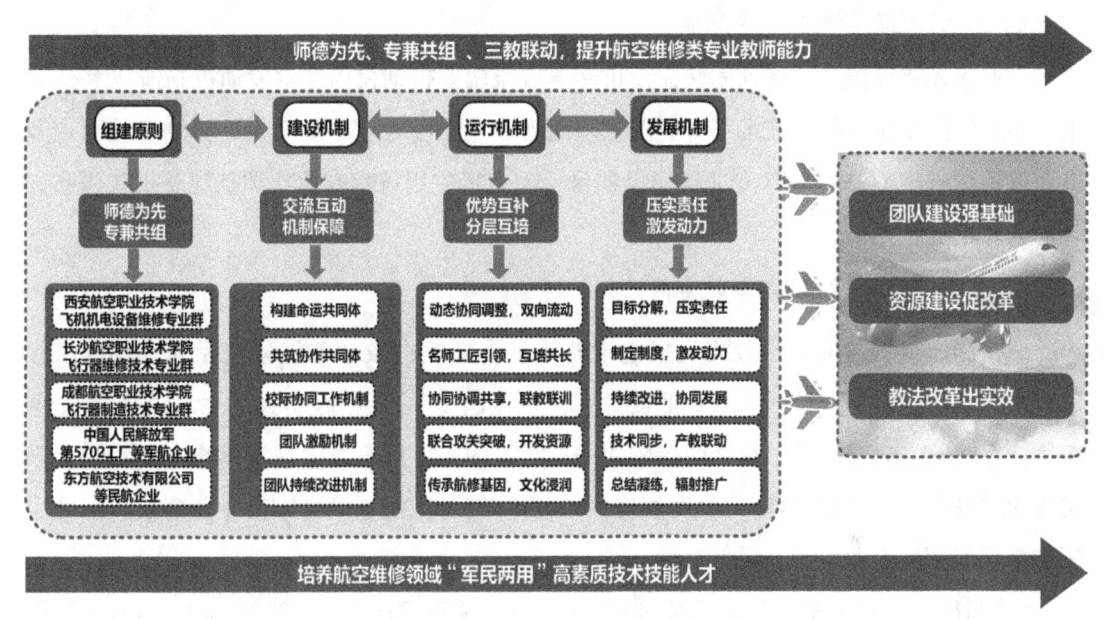

图2 专业群教师团队建设方案

三、成果成效

（一）人才培养质量显著提升

5年来，飞机机电设备维修专业就业率高达96%以上，就业对口率高于90%，民航维修执照持有人数来源排全国高校第4（中国民航局数据），涌现出"金牌蓝天工匠"叶牛牛、8个月内两立三等功的刘海博、"成都工匠"王凯等一大批行业精英。专业群学生在全国职业院校技能大赛获奖10余项，其中一等奖4项，"互联网+"大赛获国赛金奖1项。与中国人民解放军第5706工厂、春秋航空公司等军航、民航企业开展订单式培养，实施期培养了5 000余名"军民两用"技术技能人才。毕业生受到军航、民航维修企业好评，形成了"飞机维修找西航"的良好口碑。

（二）专业群品牌效应持续增强

飞机机电设备维修等专业被认定为国家示范重点建设专业、教育部交通运输类示范专业点、国家创新发展行动计划骨干专业、空军和陆军定向军士培养专业，取得西北高校首家 CCAR-147 维修培训机构合格证。教师团队获批全国高校黄大年式教师团队、国家级职业教育教师教学创新团队、陕西高校青年创新团队。教师先后获国家"万人计划"教学名师、全国职业教育先进个人等荣誉。建成了国家级飞行器维修技术专业教学资源库、2 门国家级精品资源共享课，《航空电气设备与维修》获全国优秀教材奖二等奖，主持建设了国家级虚拟仿真实训基地。

（三）校内辐射带动效果显著

专业人才培养模式、教师团队建设机制等成果辐射带动校内航空发动机制造技术等 30 余个专业协同发展。软件技术等专业获批陕西省一流建设专业，航空发动机制造技术专业群获批陕西省"双高计划"专业群建设项目，无人机应用技术专业实训基地获批陕西省高技能人才培养基地。

（四）引领全国航空类专业发展

牵头制定《高等职业学校飞机机电设备维修专业实训教学条件建设标准》等国家标准，并在全国推广；主持国家级专业资源库，在全国 30 余所院校、10 余家航空维修企业应用；主编 12 本教材，被 20 余所院校选用；制定的人才培养方案被湖南汽车工程技术学院等 30 余所院校采用或借鉴；深度参与 10 余所院校飞机机电设备维修专业建设，引领全国航空维修领域专业发展。

"产教融合、军士培养"模式分别被 CCTV-1《新闻联播》、CCTV-7《军事报道》报道，教师团队建设经验先后被《教师报》、陕西省教育厅官微等媒体推介，与中国人民解放军第 5702 工厂的校企合作模式被中国高等教育博览会评为"校企合作双百计划"典型案例，其成员在中国高等职业教育与非洲合作研究等会议上交流发言。

（五）社会服务能力加速形成

依托航空机电、航空制造国家级"双师型"教师培养培训基地、陕西省高校工程研究中心等平台，学校先后为嘉兴职业技术学院等 50 余家兄弟院校开展师资培训，并为军航、民航维修企业员工开展培训达 3 000 人·日·年$^{-1}$、提供技术服务 100 余项，到款金额达 1 000 余万元。

四、经验总结

专业群遵循"师资团队先行、校企协同创新、社会服务引领、行业标准制定"多头共进的发展思路，建设国家级职业教育教师教学创新团队，打造全国高校黄大年式教师团队；建立健全产教融合合作机制，推进航空维修校企合作平台建设，提升专业群社会服务能力,为区域内航空维修企业提质增效提供智力支持;聚焦工匠精神传承,创新人才培养模式,构建课程体系与教学资源建设,提升人才培养质量,输出专业教学标准,实现专业群从"对接产业、服务产业"向"提升产业、引领产业"转变,发出西航声音,为国内外航空维修类院校的人才培养质量和社会服务能力的提高作出原创性贡献。

案例 6

教书育人守初心　潜心科研担使命
——以"飞机机电设备维修全国高校黄大年式教师团队"为例

摘要： 飞机机电设备维修教师团队以习近平新时代中国特色社会主义思想和党的二十大精神为指导，坚守立德树人初心，牢记航空报国使命，以服务职业教育高质量发展为根本，通过师德师风建设、教育教学改革、解决企业科技难题、打造创新服务平台、健全团队机制等方式，引领飞机机电设备维修专业教学模式改革创新、航空维修领域师资团队建设与发展，团队成功入选第二批"全国高校黄大年式教师团队"，为航空类高素质技术技能人才提供强有力的师资支撑。

关键词： 飞机机电设备维修；教师团队；师德师风

一、实施背景

创建"全国高校黄大年式教师团队"是教育部落实习近平总书记对黄大年同志先进事迹指示精神的重要举措，旨在以团队建设形成长效机制，引导广大教师和科研工作者以黄大年同志为榜样，为实现中华民族伟大复兴的中国梦贡献智慧和力量。飞机机电设备维修专业群以"双高计划"建设为契机，以打造高水平教师团队为抓手，通过师德师风建设、教育教学改革、解决企业科技难题、打造创新服务平台、健全团队机制等方式，取得了国家级教师队伍建设荣誉"大满贯"。

二、主要做法

（一）传承航修文化基因，筑牢教书育人根基

专业群把坚持为党育人、为国育才、全面提高人才自主培养质量作为师德师风建设的根本。传承航修文化基因，弘扬航空报国精神，团队教师以"四有"教师为标准，出台了《师德师风建设实施方案》《师德师风负面清单和失范行为处理办法》等规定；团队定期开展师德培训，确保团队成员忠诚于党的教育事业，以师德先进为榜样，不断提升自身修养，多措并举加强师德师风建设，以赤诚之心、奉献之心、仁爱之心投身教育事业。

（二）紧跟航修产业升级，引领教育教学改革

紧跟航修产业数字化升级，全面探索新形势下专业群发展规划。积极承担"高水平专

业群建设""创新发展行动计划"等国家级重大项目,创新形成飞机机电设备维修"标准贯通、军民两用"的专业人才培养体系;全面实施"课程思政"建设,定期组织团队教师开展课程思政培训,构建专业群课程思政建设模式;创新以"工作过程"为导向的模块化课程体系,使各类课程与思想政治理论课同向同行,实现职业技能和职业精神培养高度融合。承办航空行指委课程思政集体备课会,出版飞机机电设备维修专业群课程思政案例集。建成国家级课程思政示范课程1门、省级课程思政示范课程5门、省级课程思政教学研究示范中心1个。

(三) 勇担航空强国使命,谱写科技创新篇章

团队勇担航空强国使命,服务国家重大战略和"中国航空城"发展规划。坚持教研融合,以专业群建设为支撑,充分发挥"万人计划"教学名师工作室作用,积极申报国家级职业教育改革项目、攻关课题等;依托周鹏博士、张超教授分别主持的"航空用轻合金精密成形技术创新团队"和"航空超精密零部件精整技术创新团队",解决了限制航空用轻合金复杂零件大规模应用和国内发动机目前面临的重熔层去除、单晶叶片气膜孔精整、燃油喷嘴内流道精整等关键难题,支撑区域支柱产业发展。

(四) 根植航空产业沃土,打造创新服务平台

团队与国家级航空产业基地、空军装备部及航空工业等单位密切合作,瞄准"航空装备深度修理""航空装备高端制造"两条主线,开展社会培训、技术攻关等服务,打造了区域内航空维修技术创新服务平台。5年来,为中国人民解放军第5706工厂、空军西安军械修理厂、空军西安飞行学院等校企开展社会培训达15万人·日,为航空工业西飞公司、航空工业天水飞机工业有限公司、西飞民机公司等提供技术攻关服务100余项,产生经济效益达2 000余万元。

(五) 锤炼航修奋进精神,激发团队发展潜能

团队建设始终坚持"传帮带、共成长、聚合力、促发展"的理念,形成了以"万人计划"教学名师张超为引领,以全国教学名师、三级教授冯娟等8名教师为骨干,以陕西省"青年杰出人才支持计划"刁金香等20名教师为支撑的结构化教师团队(如图1所示);发挥区域航空高端人才聚集的优势,构建"动态协同调整""名师引领""联合公关""协同协调共享""航空文化浸润"团队共同体运行机制,激发团队发展内生动力(如图2所示);团队按照"校—省—国"三级名师标准,分层分类培养了一大批师德师风优良、学术水平高、业务能力强的"双师"素质教师,切实提高了高素质技术技能人才的培养质量。

图1 飞机机电设备维修教师团队

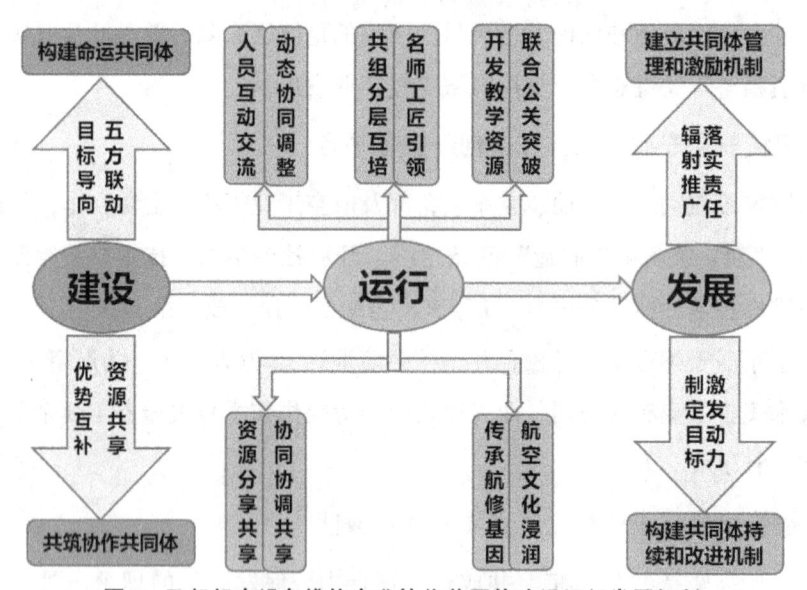

图2 飞机机电设备维修专业协作共同体建设运行发展机制

三、成果成效

（一）打造了一支德技兼修的国家级教师教学创新团队

团队全面贯彻党的教育方针，紧跟航空产业链，创新职业教育链，不忘立德树人初心，牢记航空报国使命，开拓创新、砥砺奋进。团队获批2个国家级职业教育教师教学创新团队、2个陕西省科技创新团队（如表1所示），1个航空高端制造陕西省高校工程技术中心。

表1 科研团队一览表

序号	团队名称	级别
1	国家级职业教育教师教学创新团队——飞机机电设备维修专业团队	国家级
2	第二批"全国高校黄大年式教师团队"——飞机机电设备维修教师团队	国家级
3	陕西省科技创新团队——航空超精密零部件精整技术创新团队	省级
4	陕西省科技创新团队——航空用轻合金精密成形技术创新团队	省级

（二）建设了一批航空维修领域的国家级教科研项目

团队建设国家级专业教学资源库3个、国家级精品资源共享课2门、部省共建国家职业教育虚拟仿真示范实训基地专业课程与教学资源建设项目2项，荣获国家级教学成果奖一等奖1项。团队承担了11项国家级、50项省部级科研项目；发表核心论文200余篇，其中SCI论文20余篇、EI论文30余篇；获授权专利100余项，其中发明专利30余项、转化10余项。团队中3人入选陕西省杰出青年。

（三）打造了一个服务区域经济发展的技术创新平台

利用飞行器维修、飞行器制造教学资源库，团队成员先后为嘉兴职业技术学院等50余所兄弟院校开展师资培训达6 000人·日·年$^{-1}$。为中国人民解放军第5706工厂等企业员工开展航空维修类专业培训达3 000人·日·年$^{-1}$，完成技术服务100余项，技术服务到款金额累计为5 000余万元。

四、经验总结

风正时济，自当破浪前行，任重道远，更需快马加鞭。团队坚持走在职业教育改革的前列，勇担为航空维修行业培养大量优秀的高素质技能型人才的重任，秉承"尚德躬行、笃学擅用"校训，变压力为动力，践行职业教育服务产业升级和区域经济发展，为打造航空类高水平高职院校贡献力量，为航空维修类专业人才培养模式的创新提供西航方案。

案例 7

四岗对接　四层递进　推进"岗课赛证"综合育人

摘要：无人机应用技术专业群融"岗、赛、证"要素于"课"，形成"以岗建课""以赛贯课""以证验课"的发展机制。"以岗建课"的实践教学机制，能够有效解决教学内容脱离企业岗位实际的问题；"以赛贯课"的学习竞赛机制，能够促进实现技能大赛标准与专业课程标准的互动发展；"以证验课"的人才评价机制，能够推动形成实践导向的人才评价体系。在课程教学实施过程中，要准确把握"岗课赛证"融通的实践导向本质，着重教师实践能力培养，注重教材编选的岗位情境、工作任务方式，积极开展竞赛式教学模式，以实现"以课育人"的目标。

关键词：岗课赛证；综合育人；推进路径

一、实施背景

2021年4月，全国职业教育大会提出，推动"岗课赛证"综合育人是提高教育质量的重要途径。同年10月，《关于推动现代职业教育高质量发展的意见》指出，要不断完善"岗课赛证"综合育人机制。专业群积极探索职业教育"岗课赛证"综合育人机制的构建方法和路径，以岗位能力需求为导向，重构课程体系；以职业技能大赛标准为引领，强化实践环节；以职业资格证书等级标准为突破口，提升学生职业素质。

二、主要做法

专业群以构建"岗课赛证"融通育人机制为着力点，以融"岗、赛、证"要素于"课"的一体化设计为突破点，实现产业、教育、竞赛、证书四大育人要素、五大资源要素的全方位、全过程融合（如表1所示）。以岗位能力需求为出发点，重构课程体系；以职业技能大赛为载体，提升学生职业能力；以职业技能等级证书为突破口，构建育训并举的人才培养体制；以课程改革为抓手，全面推进"三教"改革。

（一）以岗定课，重构"四岗四层"的实践教学体系

通过健全"学岗合一"的职业能力养成内容，构建基于工作过程的实践教学体系，提升学生岗位技能。专业群对接职业岗位开展实践教学改革，构建岗课对接的实践教学体系。以无人机应用技术专业群（机电设备专业方向）的"生产制造、安装调试、运行维护、质控管理"四个典型工作岗位构建实践教学课程体系，各岗位课程按照"基础—典

型—综合—特色"的四层次、多模块进行组织,形成了"四岗对接、四层递进"实践教学体系(如图 1 所示)。

表 1 "岗课赛证"融合主体和资源

融合主体		产业（岗）	教育（课）	竞赛（赛）	证书（证）
融合要素	育人要素	职业标准	课程标准	技能竞赛标准	技能等级证书标准
		企业培训内容	教学内容	技能竞赛项目	X 证书培训内容
		生产过程	教学过程	备赛训练过程	X 证书考试流程
		企业考核形式	课程评价方法	竞赛评分标准	技能鉴定方式
	资源要素	技能大师资源	学校教师资源	专家裁判资源	行业专家资源
		工作场景设施	实训场地条件	技能竞赛平台	证书认定平台
		企业资金	学校经费	大赛合作方经费	证书认定费用
		企业生产情境	学校实训环境	竞赛场地情境	考证考场环境
		企业文化氛围	校园文化氛围	大赛精神氛围	行业文化氛围

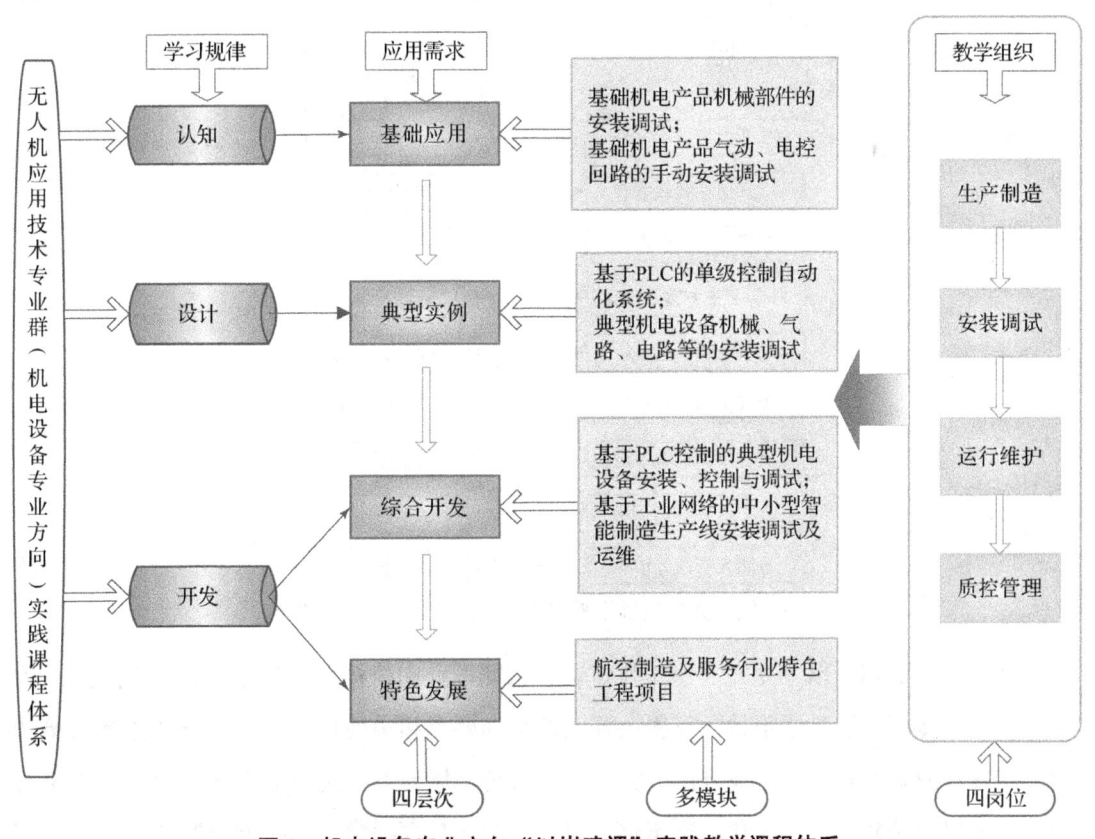

图 1 机电设备专业方向"以岗建课"实践教学课程体系

各岗位课程均由多个模块的四个层级的不同项目组成。在实践教学设计过程中,按照不同岗位开设课程，以四个层级项目作为载体，按照不同模块组织教学，将适应职业岗位零散的知识点和技能点有机地串联起来（如图2所示）。

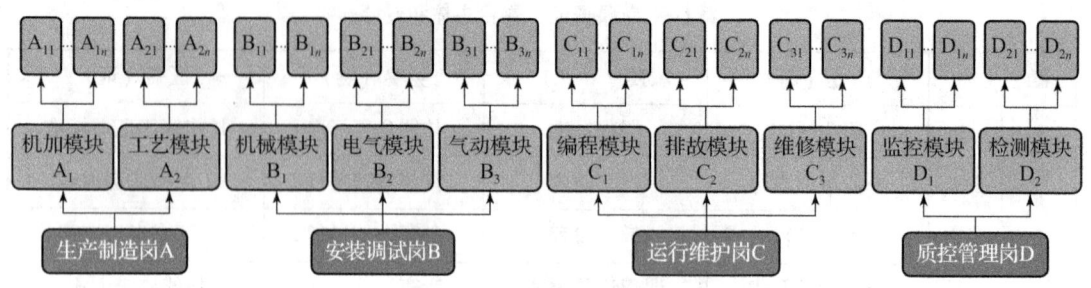

图2　岗位课程模块组织方式

（二）以赛促学，形成"教赛协同"的培养机制

高职装备制造类职业技能大赛着重考察选手的职业价值观、岗位知识技能和操作习惯规范等，普遍具有综合性实训项目性质。在教学过程中教学团队对技能考核点实施教学化处理，以提升学生职业能力，塑造职业品质，实现职业教育技能人才培养体系与技能大赛项目体系一一映射（如图3所示）。

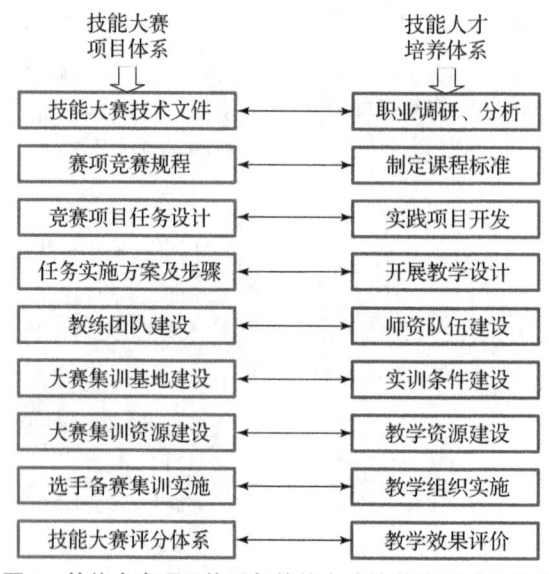

图3　技能大赛项目体系与技能人才培养体系对应关系

依托大赛资源，以"呈现典型工作过程、依照职业岗位标准、考量职业核心能力"为原则，开发多层次递进式项目、完善竞赛化的学训要求和实施策略等，将技能竞赛成果转化为对接行业标准、契合专业方向、突出技能特色、展现竞赛优势的教学资源，大力推行学习竞赛机制全程化、全员化、常态化发展，让职业教育课堂成为技能竞赛的主赛场，实现技能大赛标准与专业课程标准的互动发展。在教学中，注重将比赛和训练中技术水平、

技能规范等方面暴露出的缺陷反馈到教学环节，通过动态调整教学标准及教学设计，及时更新教学内容、改变教学方式、完善考核评价标准，形成了技能大赛与专业教学改革的双向反馈促进机制（如图4所示）。

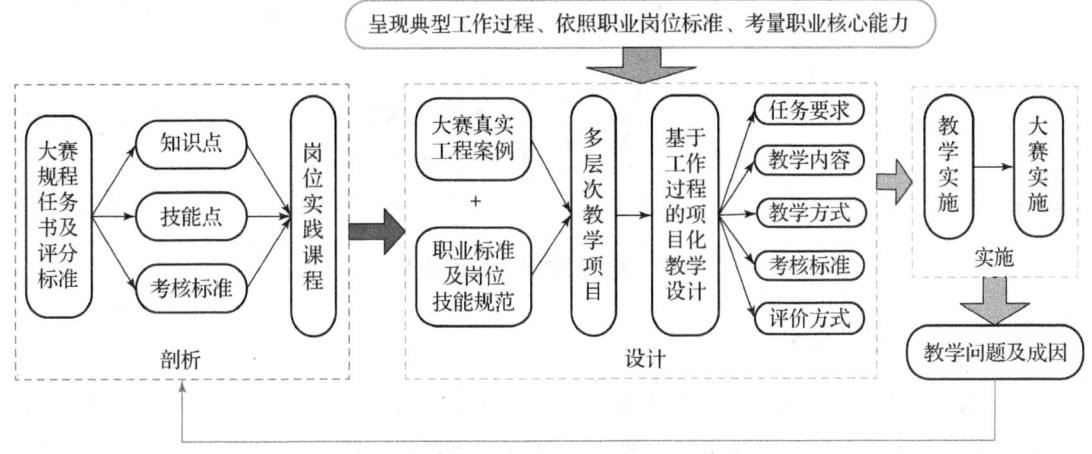

图4　技能大赛与专业教学改革双向反馈路径

（三）以证促训，推进"技能验证"的人才评价改革

通过推动证课贯通的职业技能鉴定方式，实施课程考核结果等级化认定，打通学生成长渠道。专业群（机电设备专业方向）结合"工业机器人应用编程、可编程控制器系统应用编程、智能制造生产线集成应用"等职业技能证书的考核点，设置岗位课程层次化的技能训练模块，并建立实践导向的人才评价机制；同时将职业技能证书培训考核的等级结果作为人才培养评价的重要内容，明确实践能力在人才培养评价体系中的核心地位，使毕业生在取得学历证书的同时获得相应的职业资格或者技能等级证书，实现学历教育与职业技能相融合。

三、成果成效

（一）人才培养质量显著提升

学生的专业技能、职业素养、创新能力显著增强。学生在全国职业院校技能大赛中获国家级奖项12项、省级奖项40余项，获奖数量年均增长10%。2022年，学校以第一名的优异成绩蝉联全国职业院校技能大赛一等奖。学生就业率连续5年保持95%以上，40%的毕业生就职于航空工业西飞公司等国家军工企业，为中国工程物理研究院培养了20余名技术工匠，陕西省《三秦都市报》、华商报教育新闻网等对学校在人才培养方面取得的成绩进行了报道（如图5所示）。

图5　学生技能大赛获奖证书

（二）教学团队能力显著提升

在"岗课赛证"综合育人机制实施过程中，依托校企共建的生产性实训基地、产业学院和协同创新中心等实践教学平台，校企共同开发手册式、活页式和信息化等教学资源，校企人员互聘互用建立专兼结合"双师型"师资队伍，教师教学能力和工程实践应用能力显著提升。学校教师在全国职业院校技能大赛比赛中获得"教学能力比赛"赛项一等奖1项、"工业网格智能控制应用"赛项（教师组）一等奖1项。团队培育了1名全国航空职业教育教学名师、3名全国职业院校技能大赛优秀指导教师、3名陕西省教学名师、1名陕西省优秀教师。

四、经验总结

专业群通过"以岗定课""以赛促学""以证促训"的方式，探索了课程体系层面"岗课赛证"多维深度融合的方法，将课程作为载体，融合企业岗位、技能大赛、技能等级证书考核及职业培训等多元要素，使课程教学体系成为多元主体参与高技能人才培养的实践入口，形成了"四岗四层"实践教学体系，健全了"教赛协同"培养机制，推进了"技能验证"评价体系的改革，提升了教学团队的教学能力与实践水平，促进了岗位能力、大赛资源、技能证书向教学内容的转化，切实提高了人才培养质量水平。

案例 8

对接高端　创新驱动　建设无人机行业应用一流课程

摘要：为推动创新型拔尖技术人才培养模式改革，带动职业教育专业教学质量整体提升，增强职业教育适应性，教育部开展了首批重点领域职业教育专业课程改革试点工作。西安航空职业技术学院无人机应用技术专业群主动投身改革试点，承担无人机行业应用开发技术核心课程的试点改革任务，以社会需求为前提，以知识传授为基础，以提升能力为目标，以学生全面发展为根本，建设基于工作过程导向的理实一体项目化课程。

关键词：课程改革；一流课程；无人机行业应用

一、实施背景

为深入贯彻落实中共中央办公厅、国务院办公厅印发的《关于深化现代职业教育体系建设改革的意见》，教育部开展了首批重点领域职业教育专业课程改革试点工作，主要聚焦提升职业学校关键办学能力，以专业核心课程改革为切入点，面向行业重点领域打造一批具有世界水平、中国特色的职业教育一流核心课程、优质教材、优秀教师团队和实践项目，培养产业急需的创新型拔尖技术人才。

二、主要做法

（一）深度调研，明确课程的目标定位与建设思路

1. 开展深度课程调研

课程组赴大疆创新科技有限公司、西安爱生技术集团有限公司等全国 45 家行业企业开展深度调研，了解国内无人机产业的发展现状与趋势，以无人机在农林作业、航空测绘、管线巡检、航空物流、应急救援五大主流产业（领域）的工作岗位、典型工作任务及核心岗位的职业能力要求为出发点，集中调研无人机产业人才需求及从业人员的知识、素质、能力要求，为课程组科学设定课程目标、教学方法改革、教师培训方向、学生实践安排、能力评估认定等提供科学依据。

2. 课程的目标定位

课程主要面向工业级及小型无人机行业应用典型岗位，在无人机农林作业、航空测绘、管线巡检、航空物流、应急救援等行业应用方面，培养具备作业流程、数据处理和过

程管理等综合应用能力的创新型拔尖技术技能人才。课程整体规划图如图 1 所示。

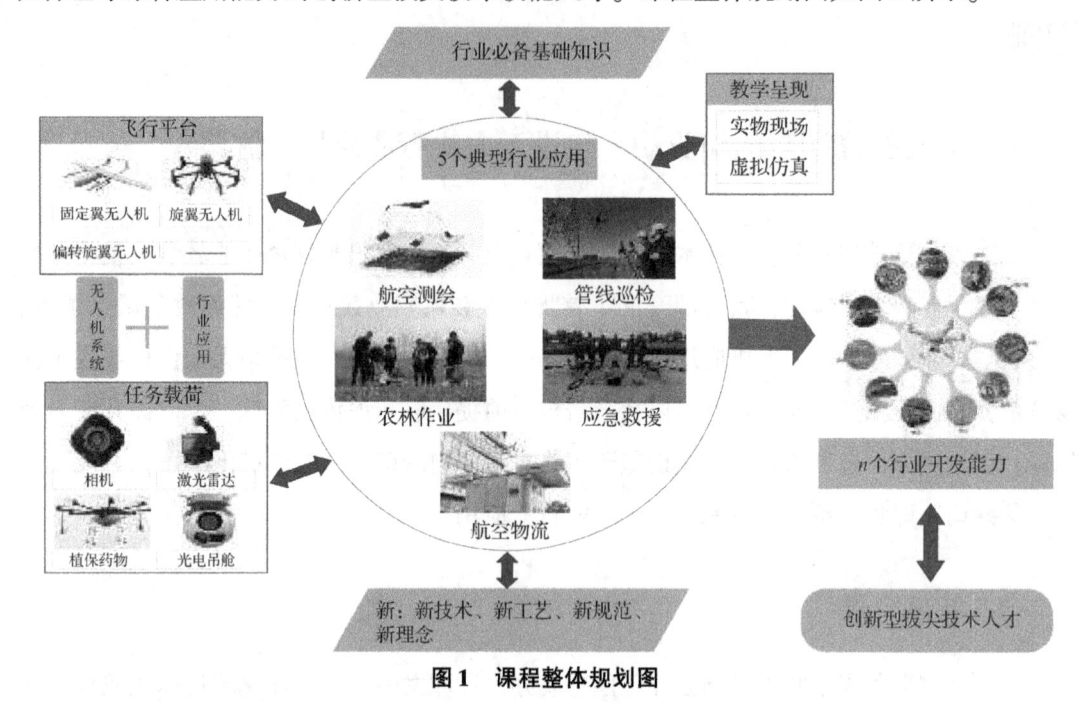

图 1　课程整体规划图

3. 课程的建设思路

一是五育并举，夯实基础能力。注重学生"德、智、体、美、劳"全面发展，科学设定课程目标和课程标准，注重夯实工业无人机在不同领域的行业应用共性能力。

二是多岗并进，增强适岗能力。课程建设对接工业无人机测绘应用、巡检巡防、农林植保、应急救援、物流运输五大主体典型岗位群，打通专业壁垒，因岗设课，以证定标，以赛提技，为学生提供项目化课程模块。

三是专创并行，拓展创新能力。并行推进课程专业教育与创新教育，注重基于信息平台的虚拟仿真及先进工业软件应用，创新课程载体，拓展课程场域，满足学生自主、泛在学习需求，培养工业无人机应用领域急需的拔尖创新型人才（如图 2 所示）。

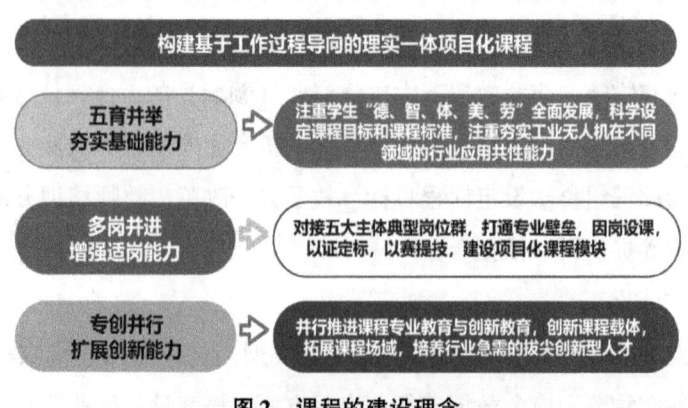

图 2　课程的建设理念

（二）系统筹划，确定课程的建设思路与整体架构

1. 课程的开发流程

课程的建设开发遵循职业性原则，要从定性的角度分析现状，从定量分析的角度进行职业分析、职责分析、典型工作任务分析和教学分析，进而确定教学目标，确定课程内容，进行课程实施和课程评价（如图3所示）。

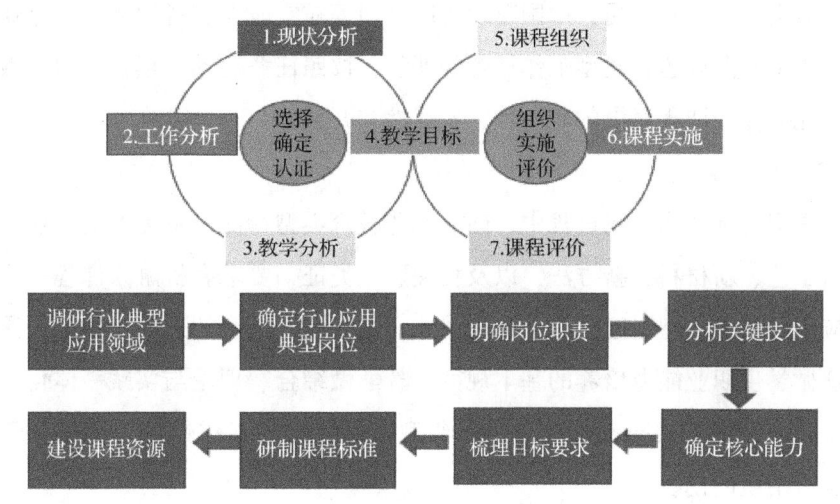

图3　课程建设开发流程图

2. 课程的整体架构

本门课程属于专业核心课程，经团队研讨，课程以职业工作过程为导向，应解构基于学科理论为架构逻辑的学科体系，重构基于实践情景为架构逻辑的行动课程体系，主要聚焦无人机行业应用5个主流领域，以典型生产项目（任务）为载体，对无人机应用行业的关键技术和前沿技术分解重构，建构5个项目化课程模块（如图4所示）。

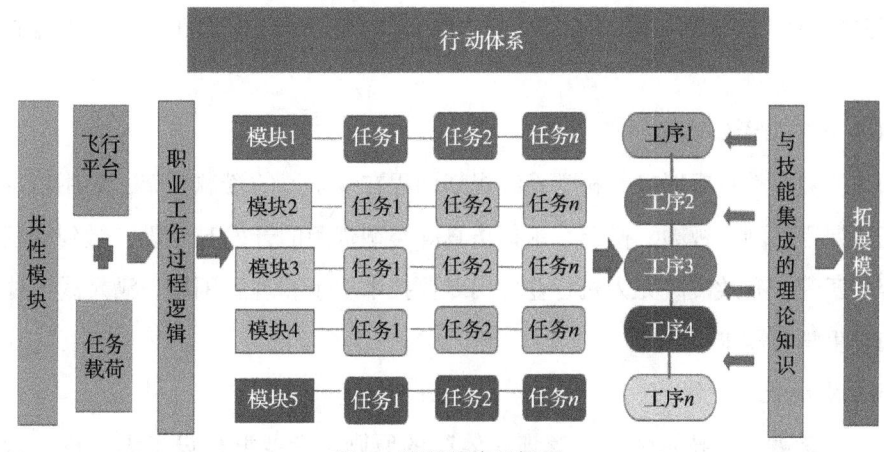

图4　课程架构逻辑图

（三）团队协作，开发课程的教学内容与教学资源

1. 梳理教学目标

课程聚焦航空航天装备领域"无人机+"为代表的产业新赛道，瞄准支撑创新型拔尖技术人才核心素养和职业能力的培养，基于成果导向理念，采用逆向设计，清晰地描述出课程的性质、作用和课程目标。以学生为中心，以核心素养和职业能力培养为重点进行课程设计，与航空工业集团公司、中国航发集团公司等航空航天装备领域头部企业合作开发和设计基于成果导向理念和典型工作任务的课程，按照任务驱动、项目导向、教学做一体化的原则，充分体现课程建设的职业性、实践性和开放性。

2. 确定课程内容

在课程内容的选择和确定过程中，凸显职业教育类型特征，将无人机产业技术链中的新技术、新工艺、新材料、新方法，以及相关职业类证书要求有机融入课程内容中，以无人机行业应用领域的典型岗位工作任务为载体，进行课程内容的选取和细化。课程内容组织与安排遵循学生职业能力培养的基本规律，教学做结合、理论与实践一体化。教师与航空航天装备领域专家要共同参与，以实际典型工作岗位的工作任务为依据，序化课程内容，进行学习情境的创设。

三、成果成效

（一）建设无人机行业应用领域的紧缺优质教学资源

1. 开展优质教材建设

坚持正确的政治方向和价值导向，基于"立德树人、德技并修、工学结合"的教育理念，联合无人机行业头部企业，基于课程建设与改革、课堂观察与研究的结果，以无人机行业应用典型岗位工作任务为载体，校企"双元"开发具有企业真实生产情境的项目化教材。

2. 开展数字化资源建设

主动适应数字教育新形势，科学系统规划课程在线学习的资源框架，应用信息化新技术积极开展课程动画、视频、微课、虚拟仿真等类型资源的开发与建设，做到课程资源与课程内容相匹配，有效突破无人机行业应用专业技术展示和理解困境，满足线上线下混合式教学和学生学习需求。

3. 优化实践教学条件

按照"产教融合、技术领先、育训一体"的原则，专业群建设了无人机飞行试验中心、无人机航测中心、无人机应用服务中心等18个技术领先的实训基地，可实现无人机

行业应用领域的基本技能训练、专业综合训练、生产性实习和实践创新四类功能。同时，积极拓展实践渠道，与纵横无人机、科比特航空等企业建立10余个校外实训基地，提升学生的综合实践能力。

（二）打造无人机行业应用领域的高水平教学创新团队

1. 组建高水平教学团队

在课程建设过程中，遴选师德师风优良、学术水平高、教学能力和改革意识强、课程建设经验丰富、能及时跟踪产业发展趋势和行业动态，以及在本专业领域具有较强影响力的教授担任课程负责人；遴选师德好，具有丰富的教学经验、扎实专业功底和锐意改革精神的"双师"素质教师担任骨干教师；遴选无人机行业应用领域头部企业的技术能手担任兼职教师；共同为课程建设和教学打下良好基础。

2. 深度进行教学改革

在课程建设过程中，课程建设团队在课程负责人的召集下，定期组织开展教学研讨、集体备课、示范观摩等多种类型教研活动，活跃教学思想，推动教学改革。教师积极承担教育研究或教学改革项目，参与校企合作或相关专业技术服务项目。

四、经验总结

在推进无人机领域一流课程的建设过程中，专业群高位推动，系统谋划，校企联动，立足经济社会发展需求和创新型拔尖技术人才培养目标，切实提高了无人机行业应用领域课程建设的科学性、规划性和系统性。

（1）"高"：在课程的目标与定位上，科学定位行业发展创新型拔尖技术人才的要求，聚焦行业应用的关键及前沿技术开发课程。

（2）"新"：在课程内容的选取上，对接产业链和典型岗位群，落实"岗课赛证"，将新技术、新工艺、新规范、新理念融入课程标准与内容。

（3）"特"：在课程的呈现形式上，落实课程"数字化"转型的具体要求，虚实结合，拓展课程的场域与呈现形式，构建可拆解与组合的"菜单式"模块化课程。

案例 9

"四化"协同 赛教融合 提升教师教学能力

摘要：专业群通过"四化"协同、赛教融合的教学能力比赛模式提高教师教学能力水平，打造职教课堂新生态，实现新时代职业教育教师教学能力的全面提升和可持续发展。团队教师取得了教育部首批课程思政示范课、专业教学资源库、教学能力比赛、技能大赛等 4 项国家级奖项为代表的系列建设成效，促进了教学育人水平的显著提升。

关键词："四化"协同；教学能力；赛教融合

一、实施背景

"三教"改革是落实国家职业教育高质量发展的重要载体和途径，是落实"立德树人"根本任务、建设高水平专业群、实现产教深度融合、培养高素质技术技能人才的基础工程。教师教学能力的提升是"三教"改革的核心和根本，是编写优质教材、改革教法的关键所在。无人机专业群通过"四化"协同、赛教融合，有效地提升了教师的教学设计能力、教学资源开发能力、教学实施能力和专业实践能力，为培养产业急需的高素质技术技能人才奠定了坚实的基础。

二、主要做法

无人机应用技术专业群立足课堂教学"主阵地"，系统规划、统筹推进，以教学能力比赛模式为重要抓手，探索实践，形成了"四化"协同、赛教融合的教学能力比赛模式，从教学团队的协同化、教学设计的精致化、授课内容的精品化、实施报告的精益化四个方面有效推动了教育教学改革创新，提高了教师的教学能力和育人水平（如图 1 所示）。

（一）教学团队的协同化

以教学能力比赛为抓手，围绕比赛的三个考核环节合理配置课程教学团队，专业带头人、骨干教师与青年教师形成阶梯式组合，有效地提升了团队的综合实力，促进了教师队伍的递进培育，形成了良好的团队文化，构建了稳定有序的教学组织链。

（1）科学规划：合理规划教师发展目标链，形成张弛有度的教师发展路径，建立健全"老带新"的指导机制，将教师的授课质量作为组队重要参考指标。

（2）优化团队：合理扩大教学创新团队规模，人数为 4~5 人，采用奖励共享、荣誉

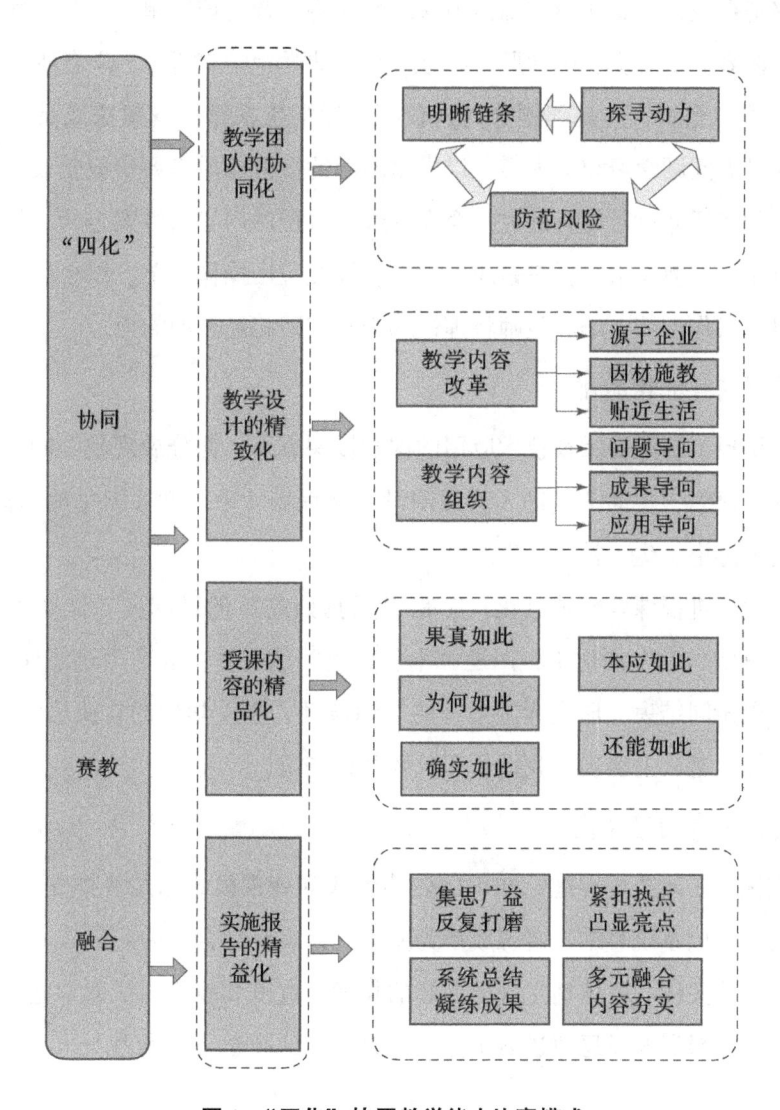

图1 "四化"协同教学能力比赛模式

共有及任务共担的方式激励教师持续创新内在动力,形成"团队不断层、创新不断档"的良好态势。

(3)保障有力:合理安排教师工作量,使教师能够从日常教学工作中释放出更多精力,潜心研究教学问题,及时跟进教学新方法,有效防范教学风险,从而提升课堂教学的质量。

(二)教学设计的精致化

教学内容设计包括教学内容改革和教学内容组织两个方面,即回答"讲哪些内容"和"如何讲这些内容"的问题。

(1)教学内容改革:教学内容应源自企业岗位工作内容,可保证课程目标的实现。教学内容应切实把握授课对象学习基础，因材施教，将复杂道理简单化，激发学生持续学习的兴趣。教学内容应能解决实际问题，贴近生活，让学生学有所思、学有所用。

（2）教学内容组织：一是问题导向，教师引导学生根据自身想法或具体案例提出问题，随后学生带着问题学习相关内容，以提出问题的数量或质量评价教学设计效果。二是成果导向，教师将授课过程与答疑过程合在一起，将授课内容与答案合为一体，以解决问题的数量或质量评价教学水平。三是应用导向，设置应用操作环节，以会用作为能力培育的切入点，强化操作训练，培养教师将理论知识与实践相结合的能力。

（三）授课内容的精品化

采用内容讲授、资源展示及技术应用的课堂授课方式，充分展现教师的精气神，全方位吸引学生的注意力，带动学生进入教师预设的课程场景中，潜移默化地掌握相关知识，以教师人格魅力感染学生、带动学生。

用五个阶段促进授课内容精品化：一是"果真如此"的疑问；二是"为何如此"的提问；三是"确实如此"的讨论；四是"本应如此"的定论；五是"还能如此"的启发。以疑问开始，以疑问结束，形成螺旋上升的知识波动，激发学生的自我思考与知识批判，即在掌握现有知识基础上实现自我提升和自我"破与立"。

（四）实施报告的精益化

教学实施报告是改革现有理论知识的表述形式和展现模式的最终体现，以集思广益、反复打磨为前提，以系统总结、凝练成果为基础，以多元融合、内容夯实为保障，以紧扣热点、凸显亮点为关键，立体地呈现出课堂的长度、宽度和厚度，从教学整体设计、教学实施过程、学习效果以及反思改进四个方面提升教师的教学研究能力。

三、成果成效

（一）教学效果显著提升

学生知识达成度、专业核心能力及职业素养得到有效提升。在技能大赛中获得国家级一等奖1项、二等奖1项、三等奖3项，省级奖项15项；获创新创业大赛国家级银奖1项、省级奖8项。师生共同研发新型功放系统，在行业内技术成果已达到国内领先水平。

（二）教学水平大幅提高

教师教学能力水平大幅提升，获批全国首批课程思政示范课；全国职业院校技能大赛教学能力比赛国家级一等奖2项、二等奖1项、三等奖1项，省级奖7项；获国家级优秀教学案例 2 项；成功申报省级教研项目 10 余项，发表核心论文 70 余篇，授权发明专利 3 项、实用新型专利 5 项（如图 2 所示）。

图 2　获奖证书

（三）大赛引领交流互鉴

教学团队为省内外职业院校进行 40 余场教学能力提升培训，为全国骨干教师进行线上线下培训达 10 000 余人次。同时，充分利用教学资源，积极开展社会服务，完成中高职师资培训、企业员工培训 300 余人次，为百余家企业提供人力资源与智力支持。

四、经验总结

专业群以教学能力比赛模式为抓手，采用理论研究与实证研究相结合的方法，以教学整体设计、教学实施过程、学习效果以及反思改进四个方面提升教师的教学水平和能力。对接行业发展，纵深推进课程思政进教材、进课堂、进课程的系统化建设，打造职教特色鲜明的"一书一课一平台"，充分利用开发的教学资源，积极开展社会服务培训，实现优质资源共享。

第三部分

科学研究

案例 1

加强青年科技人才培养　助力高水平科技创新

摘要：西安航空职业技术学院自"双高计划"建设启动以来，着眼于服务国家航空强国发展战略、区域经济发展，高度重视青年科技人才的培养。通过加大青年科技人才项目支持力度、培育青年科技创新团队、为青年拔尖人才培育提供良好的环境等改革措施，大力培养、使用青年科技人才，在团队梯队建设、科研实力提升、主动服务社会方面取得显著成效，为贯彻落实党的二十大精神，实现教育、科技、人才一体发展作出了应有的贡献。

关键词：青年科技人才；科技创新；高质量发展

一、实施背景

为深入贯彻党的二十大精神，落实中央人才工作会议部署，中共中央办公厅、国务院办公厅于 2023 年 8 月印发《关于进一步加强青年科技人才培养和使用的若干措施》，对青年科技人才的培养和使用提出了更高要求。这个文件的出台，凸显我国在当前发展阶段，比以往任何时候都需要青年人肩负起重任，成为自主创新的中流砥柱。自"双高计划"建设以来，学校坚持以服务国家重大发展战略、服务地方经济发展为目标，持续完善学校科技创新体系建设，大力培养、使用青年科技人才，全方位助力青年科技人才成长。学校科技创新整体实力得到了显著提升，重点项目立项、技术服务金额、科研平台数量快速增长，学校高质量发展成效显著。

二、主要做法

（一）扩渠配资赋能，加大青年项目支持

"青年兴则民族兴，青年强则国家强"。随着学校的持续发展，越来越多的青年人进入了教师队伍，其占比也越来越大。但由于相对缺乏开展实际研究项目的经验，在各类科研项目申报中，青年教师往往很难获得主持项目的机会。

自"双高计划"建设以来，为了激发青年教师主动参与科研的积极性，学校对已有科研项目申报制度进行了改革。一是扩大青年教师项目支持覆盖面。在校内的一般项目申报中不再限制主持人的技术职称、研究经历等，并对 35 岁以下青年教师单列组别、

单独评审，保证一般项目中青年教师的立项比例不低于50%。二是加大校内科研项目的经费支持力度。根据项目的预期成果，经费预算最高可支持10万元，让青年教师能够安心完成各项研究任务。对于面向青年教师的纵向项目，学校积极鼓励有一定科研基础的青年教师申报，为立项项目提供1：1经费配套。三是精准培训，提高青年教师开展科学研究的能力。安排校内外专家每年集中对青年教师进行申报书撰写的专题培训，对提交的申报书组织专家进行打磨，帮助他们更好地梳理研究思路、细化研究方案、明确研究成果，让更多的青年教师在职业早期就有机会参与科研实践并得到提升自身科研能力的机会。

（二）聚焦团队建设，加快培育青年人才

学校结合自身发展特色，紧盯国家发展战略和地方发展需求，培养了8个体现专业特色、具有突出创新能力和发展潜力的科技创新团队，配备专项建设经费近500万元。其中，航空用轻合金精密成形技术、航空超精密零部件精整技术、航空关键结构件精确控形控性技术3个团队获批省级青年科技创新团队。依托团队建设，更多青年教师获得了赴本科高校进修、参加重要学术会议等学术交流机会，其中李杰等8名青年教师先后赴上海交通大学、兰州大学、西安理工大学等高校重点实验室进修学习，参与实验室科研项目具体研究工作，提升自身科学研究能力。

创新团队也在有计划地引导青年教师开展有组织的科研活动，依据团队设定的重点研究方向落实研究任务，将过去科研工作中以"个人作战"形式为主扭转为以"团队作战"为主，努力提升技术攻关的能力，增强破解技术难题的能力。校级高端装备零部件再制造技术创新团队在豆卫涛高工的带领下，与西安建筑科技大学史丽晨教授团队共同研发了航空航天紧固件大盘卷钛合金丝材表面精整无心车床，并在部分企业进行了试生产，实现了航空航天紧固件大盘卷钛合金丝材加工之表面精整技术的突破。

（三）激发创新活力，助力拔尖人才成长

学校把加强青年科技人才培养作为一项长期的、战略性的任务来抓，统筹谋划做好顶层设计，采取一系列改革措施加大青年科技拔尖人才的培养。一是加大高水平青年科技人才的引进力度。根据学校发展的需要，积极吸引博士人才和企业高级技术人员到校工作，持续充实青年科技人才的整体力量。二是有计划地培养科技创新领军人才。为重点培养的青年科技人才对象设立科研启动金项目，最高可提供40万元科研经费，支持他们在科研项目中"当主角"。三是项目简政放权，调动教师科研积极性。学校出台《"包干制"科研项目经费使用管理办法》，进一步简化科研管理环节，主动为科技人才减负，减少不必要的审批、报表等，允许科研人员在规定范围内自主决定经费使用，赋予他们更大的经费

使用自主权，充分调动青年拔尖人才的主观能动性。

三、成果成效

（一）学校科技人才梯队建设成果凸显

在"双高计划"建设期间，科技创新、科技咨询团队有了长足发展，新增陕西省高校青年科技创新团队 3 个，数量在省内高职院校稳居第一。新建校内科技创新团队 5 个、智库团队 2 个，覆盖全校所有专业群，聚集近百名青年教师。

（二）学校的整体科研实力提升更加明显

在"双高计划"建设期间，纵向课题立项数量、级别，省级科技成果数量都远远超过"十三五"期间对应项目的总量。学校还获批国家自然科学基金依托单位，新增陕西省高校工程研究中心 2 个、未来产业创新研究院 1 个，这些科研平台建设为科技团队开展科学研究和技术服务提供了更加扎实的基础条件，聚集了更多校内外优质科研资源，使得学校科技团队的创新创业创造活力得到了充分释放。

（三）学校服务区域经济发展水平大幅提升

在"双高计划"建设期间，学校新增横向课题立项数量达到 400 项，到款金额超过 2 000 万元，远超过建设初期设定的技术服务指标。科研成果转化工作也取得了积极进展，建立了"校—院—团队"三级技术经理人队伍，面向本地区中小微企业进行技术转让、技术许可，在陕西省高校秦创原建设及科技成果转化绩效评价中获得 A + 等级（高职院校仅 2 所），被确定为西安市技术转移示范机构。

四、经验总结

（一）青年科技人才的培养、使用要做好顶层设计

青年科技人才是科技创新中最具有活力的创新主体，加强青年科技人才的培养是促进科技强国建设的必然要求。学校要遵循人才成长规律，高度重视青年科技人才的成长，在他们处于创新创造力高峰期的阶段，集中力量帮助青年科技人才快速走出摸索期，找到适合自身发展的正确道路，最大限度地挖掘青年科技人才的潜力。

（二）青年科技人才的培养、使用要完善机制保障

当今世界国与国之间的科技竞争日趋激烈，谁能够在科技人才的数量和质量上占据优势，谁就能更好地掌握发展机遇。高校是人才的聚集地，也是青年科技人才培养的主要阵地，对于青年科技人才培养的改革措施要及时转化为可操作的、可运行的管理制度，向青

年科技人才倾斜更多的科研资源，为青年科技人才减轻不必要的负担，让有抱负的科研人员轻装上阵，专心致力于挑战技术难题。

（三）青年科技人才的培养、使用要优化科研生态

科学研究不仅需要具有一定的耐心和毅力，要让青年科技人才专心做好科研工作，还必须为他们营造良好的外部环境。学校要主动关心他们的日常生活，帮助青年科技人才解决学习、生活中遇到的困难，做到待遇留人、感情留人。要改革科技人才评价制度，树立正确的科研评价导向，打破论资排辈的束缚，引导青年科技人才弘扬科学家精神，不忘航空报国使命，肩负起强国重任，努力成为自主创新的中流砥柱，真正发挥好青年科技人才在科技创新中生力军的作用。

案例 2

推进"四位一体" 探索现场工程师人才培养新模式

摘要：学校聚焦昆仑火炮装试工、随动系统装试工、加工中心操作工一线生产岗位，依托学校职业教育资源，以中国特色学徒制为主要培养形式，建设现场工程师学院，培养一批具备工匠精神，精操作、懂工艺、会管理、善协作、能创新的现场工程师。

关键词：现场工程师；岗位；学徒制；职业教育

一、实施背景

教育部等五部门联合印发的《关于实施职业教育现场工程师专项培养计划的通知》指出："遴选发布生产企业岗位需求，对接职业教育资源，以中国特色学徒制为主要培养形式，在实践中探索形成现场工程师培养。"学校以往在与西安昆仑工业（集团）有限责任公司（简称昆仑集团）人才共育上重实操，将理论知识定位在"必需、够用"的层面，只要求学生具备基础操作能力，但这已经不能适应企业对于技术技能人才既是"技术技能工人"也是"工程师"叠加的要求，因此学校与昆仑集团共同成立"西航职院—昆仑集团"现场工程师学院，共同培养企业急需的现场工程师。

二、主要做法

（一）学校企业一体，构建"双元育人"模式

聚焦企业岗位对技术要求的聚合性，单个专业解决不了生产现场负责问题。学校根据昆仑集团人才需求，要求学生掌握锉、钻、锯、装、夹等基础操作技能，熟悉数控加工设备的特点、火炮零件数控加工和产品装调的基本过程，掌握各型产品随动系统的电气装配和调试技能，熟悉零件品控要求，能在班组作业情况下完成产品装配、调试作业，能协助主操作进行零件数控加工，善于协作，能处理现场一般问题。创新校企"双主体"育人体制机制，实施中国特色现代学徒制人才培养，推进招生考试评价改革，制定双导师遴选与管理办法，组建校企双导师教学团队，开发优质教育培训资源，构建"学校＋企业"双主体育人、"校内＋校外"双课堂教学、"学生＋学徒"双身份学习、"教师＋师傅"双导师培养、"毕业证＋技能证"双证书毕业的"双元"人才培养模式。

(二）教师师傅一体，提升育人管理效能

建立校企"双导师"制，并制定管理办法，形成互聘共用的"教师师傅一体"管理机制。学校教师主要以"传道"方式，在学校课堂完成现场工程师必备的理论课程的教学；企业师傅主要以"授业"方式，在企业实际工作环境中完成实践、管理技能等方面的传授，达到对学生双向"解惑"。出台与现场工程师培养相适应的教学管理制度，制定基于工作岗位的学徒培养质量评价标准与考核评价体系，以及符合学徒培养的教学质量监控体系，从制度与操作两个层面提升育人管理效能。

（三）岗位工位一体，实施"五共"人才培养

瞄准企业急需的火炮装试岗、随动系统装试岗的电气装配和调试技能、加工中心操作岗，联合制定并实施以企业生产任务为载体的项目化、模块化教学模式，将生产任务转化为教学项目、生产规范转化为教学标准、质检标准转化为评价标准、生产岗位转化为教学工位，实现岗位工位一体化教学。

1. 共同确定人才培养目标，研制人才培养方案

组建人才培养方案制定团队，调研 3 个岗位具体职责要求，基于岗位能力要求，构建体现"工学交替"的课程体系，联合制定人才培养的教学标准，制定至少经过两轮打磨的现场工程师人才培养方案（如图 1 所示）。

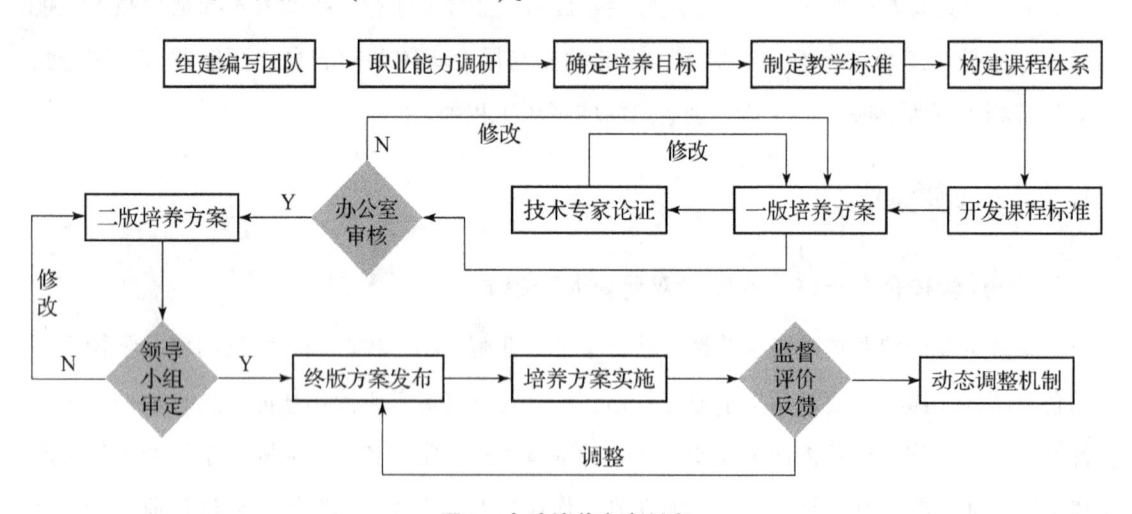

图 1　人才培养方案制定

2. 共同构建核心课程体系，开发课程教学资源

分析 3 个岗位核心能力要求，对接岗位标准及职业证书，构建专业核心课程体系，用 4~5 门核心课程支撑岗位基本能力。根据人才培养方案、岗位标准，组建资源开发团队，利用学校现有的公差配合与测量技术，机械制图等在线开放课程资源，配合已开发的《机

械制图》《机械设计基础》《工程材料》3 本活页教材,将生产现场的产品图纸进行脱密处理,开发适应昆仑集团的个性化资源(如图 2 所示)。

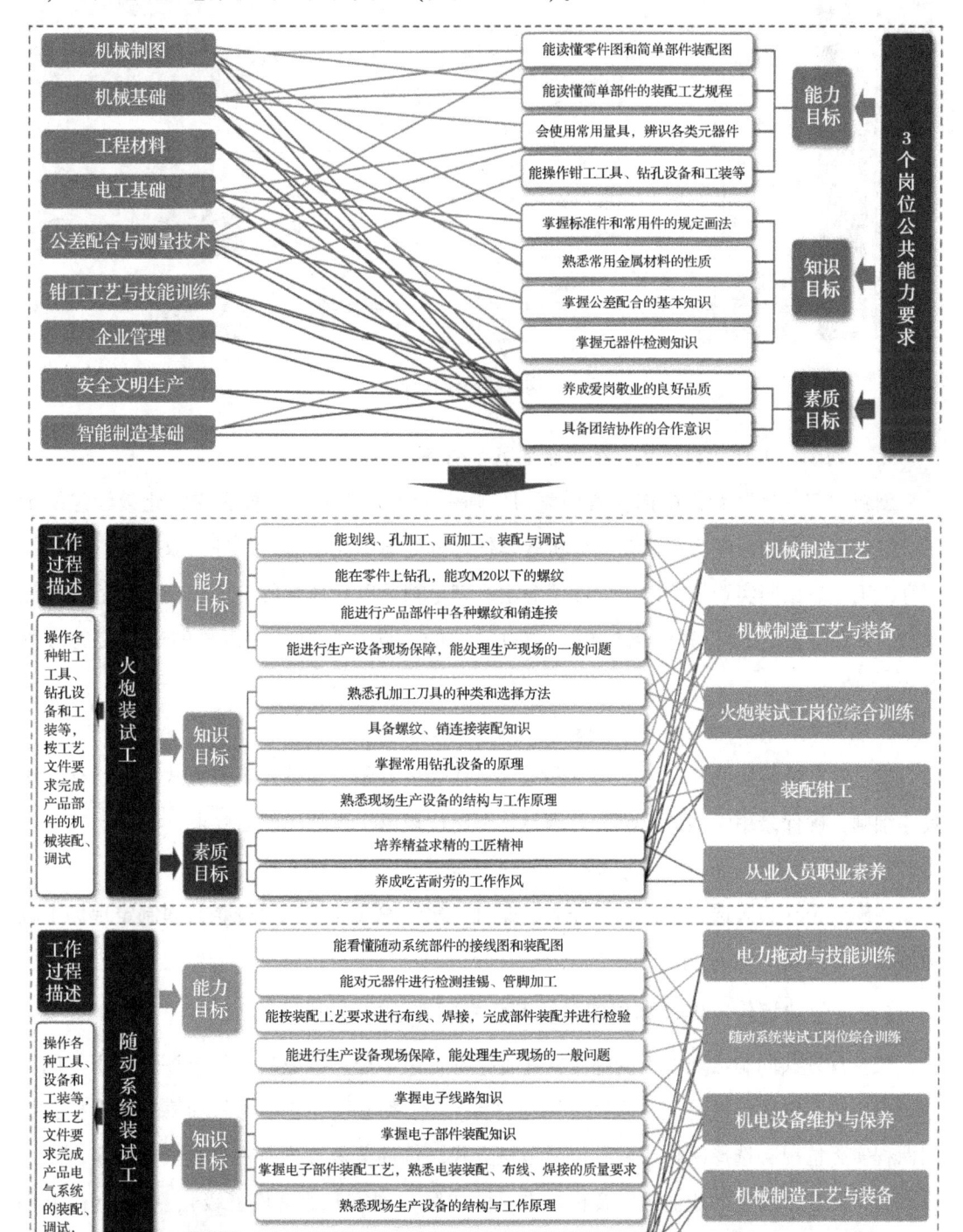

图 2　岗位核心课程

图2 岗位核心课程（续）

3. 共同创新教学组织形式，合理分配教学任务

创新"双主体"育人的岗位集中学习、师带徒为主要形式的校企交替化教学组织形式。以教学任务的分配为突破口，分析教学任务分配与实施情况，推进"双导师"分工协同育人工作。按照实践技能以企业师傅为主、理论辅导以学校导师为主、校企穿插进行的原则，兼顾课程性质和具体岗位核心能力需求的不同，采取灵活多样的工学交替教学方式。

4. 共同制定考试招生办法，创新考核评价指标

校企双方统筹协调联合制定招生办法，包括选拔对象、考核内容及方式、录用标准等具体细则，确保录用学徒的各项能力满足3个岗位现场工程师的能力要求。

5. 共同明确导师教学职责，制定导师管理制度

明确校企导师人选，细化教学任务、课时、教学方式等，同时校企共同制定现场工程师培养"双导师"管理制度。

（四）学业评价一体，真岗实做提升学生职业能力

校企双方共同制定现场工程师考核评价标准，由学校、企业、第三方评价组织共同实施评价考核。考核包括笔试、面试（课程答辩）、任务考核、业绩考核和第三方考核，根据课程实际情况，选择两种或两种以上考核方式，每种考核方式所占权重按需确定。第三方考核按照3个岗位的职业国家资格标准，即初级（国家职业资格五级）、中级（国家职业资格四级）、高级（国家职业资格三级）、技师（国家职业资格二级）、高级技师（国家职业资格一级），对每位学徒进行职业能力评价。终验考核合格的，企业录用并签订合同。依据第三方评价组织给出的职业能力评价结果，对应职业等级标准，给予同等待遇。

三、成果成效

（一）解决了企业技能人才来源主渠道

通过现场工程师人才培养平台，解决了昆仑集团急需的人才需求问题，同时使学生所学与企业所需实现无缝衔接，人才培养完全匹配企业需求，降低企业综合培训成本达40%，近年来已经为企业培养现场工程师近50人。

（二）构建了校企合作育人新模式

通过与昆仑集团共建现场工程师学院以及"四位一体"现场工程师人才培养模式的基本确立，行业企业的人才和技术服务需求得到了快速响应，职业教育的"专业与产业、职业岗位对接，专业课程内容与职业标准对接，教学过程与生产过程对接，学历证书与职业资格证书对接，职业教育与终身学习对接"也得到了落实，形成了现场工程师项目运行的长效机制，实现了教学资源与生产资源的相互转化，建成了互补、互利、互动、多赢的新型产教融合平台。

四、经验总结

（一）完善体制机制，实现优质资源共享

校企共同成立现场工程师学院，形成了企业资源教育化、教学资源生产化的资源共享优质生态，为集团内企业搭建了重要的信息"立交桥"、人才"充电桩"和技术"加油站"。

（二）校企导师共聘，教学水平不断提高

聚焦技教融合的现场工程师育人过程，从双导师教学团队的构建、培育、提升等全过程发力，严控聘用选拔淘汰标准，定制培育方案，按照制度保障、分类培养、团结协作的校企互聘共用的原则，实现双导师教学团队培养。

（三）优化学徒选拔，形成招生招工一体化

以自主招生为突破口，通过制定招生招工一体化方案，校企全程参与招生过程，按照企业用人标准、遵从行业用人规范，合理选拔满足岗位需要的学徒，形成操作性强的招生招工一体化机制。

（四）创新教学方式，提升人才培养质量

联合开发与岗位能力需求相配套的课程，按照校企分担、互为补充的方式创新教学形式。以教学任务分配为突破口，按照实践技能以企业师傅为主、理论辅导以学校导师为主的原则，兼顾课程性质和岗位的不同，采取灵活多样的工学交替教学方式，保障教学目标的实现，提升人才培养质量。

案例 3

聚焦教育数字化转型　推进教学资源数字化建设

摘要：飞机机电设备维修专业群，着眼于人才培养需求统筹规划数字化资源建设，虚实结合，通过与企业共建共享、优化制度设计、政策引领、示范带动，建成了一批实用、适用和优质的航空维修专业特色鲜明的数字化资源，实现了专业群核心课程数字化资源全覆盖。

关键词：数字化教学资源；制度设计；政策引领；示范带动

一、实施背景

2022 年，全国教育工作会议提出"实施国家教育数字化战略行动"，并将这一工作列入教育部年度工作重点。同年 10 月，党的二十大报告中进一步提出"推进教育数字化"。

为积极落实国家教育数字化战略行动实施任务，飞机机电设备维修专业群主动适应"互联网＋职业教育"新要求，积极推动现代信息技术与航空职业教育教学深度融合，实现了专业群核心课程数字化资源全覆盖。

二、主要做法

飞机机电设备维修专业群数字化资源建设中坚持需求牵引、政策引领、科技赋能、持续更新、应用为王的原则，高标准地建成了一批优质的数字化教学资源，引领了航空职业教育数字化转型发展。

（一）需求牵引，系统推进专业群课程数字化资源建设

1. 对接岗位需求，优化课程体系

专业群分析航空产业链结构，深入行业企业一线和职业院校，对技术发展和人才需求、职业院校专业建设水平和人才培养现状进行调研。分析飞行器维修技术、飞机机电设备维修、飞机结构修理、飞机部件修理 4 个专业面向的飞机机体结构修理、航线维护与定检等 7 个工作领域的典型工作任务及岗位职业能力需求，融合国际民航组织和美国交通运输协会标准，与航空工业西飞公司、中国人民解放军第 5702 工厂等 10 个企业合作，校企共同构建了"共享课程＋方向课程＋岗位模块课程"的专业群课程体系（如图 1 所示）。

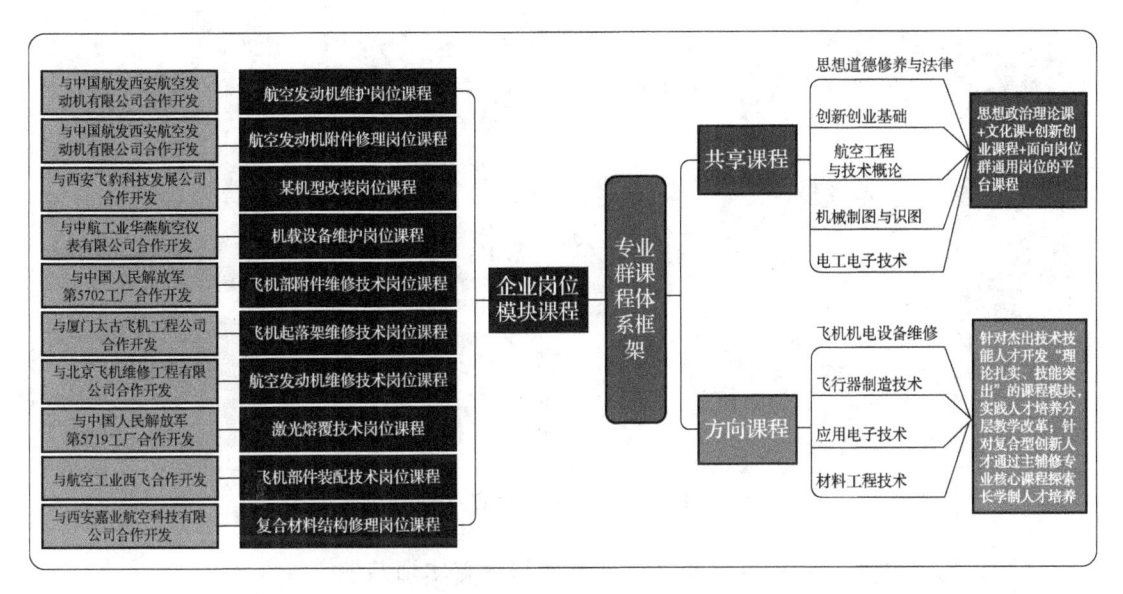

图1 飞机机电设备维修专业群课程体系

2. 依据课程类型，分类建设资源

专业群依据课程体系，结合岗位能力目标，坚持专业发展的宽基础、窄方向，形成基础课程专业共享、方向课程专门化发展、企业岗位模块化课程选修学习的资源建设层级开发体系。

在专业群共享课程数字化资源建设中，资源建设包含试题、试卷、课件、常见问题解答和资源目录索引等基础部分。数字化专业课程以同步课堂教学实录、教学设计、电子教案以及网上同步练习等形式呈现。

在方向课程资源建设中，针对高等职业教育以培养应用型人才为主，数字化资源建设注重对学生动手能力的培养，资源建设包含教案、电子图书、学术论文、学位论文、论文集、报告、会议录、期刊、标准、文件、法规、电子百科等，同时辅以技术应用型媒体资源、三维动画演示，注重理论与研究型媒体资源的开发。资源开发过程中紧跟当前技术发展前沿，与时俱进，做到实用性与先进性相统一。

在企业岗位模块化课程资源建设中，将应用案例的收集与开发及相关工具的使用作为数字化资源建设的重点，同时做好相关技术素材的整理与制作工作，使案例库在数字化资源中占据较大比例。结合航空维修类专业五大核心岗位群，开发虚拟仿真实训资源，解决传统教学看不见、进不去、动不得、难再现的"四难问题"（如图2所示）。

图 2　数字化虚拟仿真资源建设

（二）虚实结合，政校企多元共建共享虚拟仿真实训基地

1. 内容与技术并重，兼顾教育性与适用性

以"科技赋能，让智慧教育触手可及"为使命，针对飞机维修五大核心岗位群教学设备投入大、教学场景难再现等特点，构建独有的"科技＋教育"双引擎模式。采用"仿真平台操作＋部件实物工作演示"方式、"三位一体"相结合的多功能实验教学系统，从虚拟仿真试车到基于实物发动机的动态同步灯光演示（如图 3 所示），全系统、全方位、全流程地帮助学生掌握发动机专业相关教学内容，使学生深入理解和掌握发动机原理、结构、工作过程及标准试车操作流程，让学生实训更真实、教学实训效率更高。

图 3　基于实物发动机的动态同步灯光演示

以真实的波音 737NG 飞机为模板，在虚拟条件下实现驾驶舱内操作、飞机外部设备

和舱内设备操作，帮助学生在虚实结合的条件下更好地掌握飞机系统测试、部件识别、排故、勤务、拆装等类型的实训科目，使课程资源以教学内容的呈现和教学设计的体现为基础，兼顾实用性、适应性及艺术性，从而达到最佳的表现效果。

2. 理论与实践并行，兼顾科学性与应用性

专业群立足航空城区域优势，与大飞机制造企业联合开发飞机数字化装配实训室，借助虚拟仿真技术，建成了涵盖自动钻铆、机身对接、测试设备仿真系统，以及数字化测量、驾驶舱模拟、飞机装配过程虚拟现实仿真等教学资源，使学生了解大飞机部件装配过程，掌握自动化飞机生产线上所要求的数字化技能。

专业群立项建成了国家级虚拟仿真实训基地，基地中设有展示体验中心、教学实训中心、资源开发中心和创研实践中心，集理论教学、实训实践、创新研究、技术服务于一体，专注于航空制造、维修类人才培养，服务行业数字化发展升级，为企业提供员工培训、产品测试等技术服务。

（三）机制保障，畅通专业群数字化资源高效运行与推广

学校在推进资源数字化建设方面坚持"整体规划、遴选准入、分批建设、建以致用"的原则，制定了《在线课程课建设与管理办法》，给予专项经费支持和精品课程认定，并对开设在线开放课程教师的线上学时进行认定。对于经学校批准在主流公共平台上建设、面向在校学生和社会学习者的在线开放课程，根据课程运行效果评定予以奖励，并制定了详细的评审标准，专业群在教师的年终绩效考核中根据资源建设及应用情况赋予相应的考核积分。对于学生参与线上学习学时进行相应的学分认定，同时为学生提供了良好的"互联网+教学"学习环境，使学生能够"随时随地"学习，最大限度发挥其自主学习的主动性、积极性及创造性。

（四）示范带动，树立航空维修专业数字化升级转型典范

专业群课程资源建设以"飞行器维修技术"国家级教学资源库为引领，按照"校—省—国"三级标准递进开发建设课程资源，坚持国家级引领、省级扶持、校级培育，逐步优化、逐级晋升的机制，分批、分期进行课程资源建设、使用和评价。专业群内每年以课题立项形式支持在线课程资源建设和精品在线开放课程认定工作，优先推荐校级在线开放课程参评省级及省级以上在线课程项目申报，积极引导三级课程资源建设工作有序开展。

三、成果成效

（一）建成了一批航空维修优质的数字化资源

专业群聚焦教育数字化转型，主持建成了国家级飞行器维修技术专业教学资源库；获

评国家级精品在线课程1门、省级精品在线课程7门、校级精品在线开放课程10门，实现了专业群核心课程数字化资源全覆盖。

（二）建成了航空维修示范性虚拟实训基地

建成了国家级飞行器维修与数字化制造技术职业教育示范性虚拟仿真实训基地，涵盖自动钻铆、机身对接、测试设备仿真系统，以及数字化测量、驾驶舱模拟、飞机装配过程虚拟现实仿真等教学资源，服务行业数字化发展升级。

（三）形成了推动数字化资源高效运行的管理制度

优化体制机制建设，形成了推动数字化资源高效运行的管理制度。鼓励教师建设、利用数字化课程资源，开展线上线下混合式等课堂教学模式改革，教师团队数字化素养与技能得到全面提升。教师团队获得国家级职业院校教师教学能力大赛一等奖2项、二等奖3项、三等奖2项的好成绩。

四、经验总结

专业群主动适应、积极探索职业教育数字化转型升级，建成了国家级虚拟仿真实训基地、国家级飞行器维修技术专业教学资源库，获评国家级、省级在线开放课程；教师获得全国职业院校教师教学能力大赛一等奖2项。产教融合，校企共建共享数字化教学资源，在航空职教领域数字化资源建设的道路上，逐渐形成了"西航模式"，聚力打造航空职业教育的"领头雁"，为航空职教发展树立了新目标。

案例 4

数智结合 强技砺能 建设高水平专业化产教融合实训基地

摘要：飞机机电设备维修专业群落实中央、省级关于推动职业教育与产业协调发展的精神，紧密对接航空产业链，联合鑫旌航空，通过建立人才培养模式、优化教师教学团队、搭建数智创新平台等，校企共建西安市高水平专业化"飞机零部件制造与装配"产教融合实训基地，实现专业跟着产业走、教学围着需求转的产教融合教育改革目标。

关键字：产教融合；实训基地；数智化

一、实施背景

为贯彻落实党的二十大精神和党中央、国务院有关决策部署，按照《关于深化产教融合的若干意见》《职业教育产教融合赋能提升行动实施方案》中"统筹推动教育和产业协调发展，创新搭建产教融合平台载体，接续推进产教融合建设试点，完善落实组合式激励赋能政策体系，将产教融合进一步引向深入"等有关要求，飞机机电设备维修专业群坚持以教促产、以产助教，校企共建"飞机零部件制造与装配"高水平专业化产教融合实训基地，培养新时代航空工匠。实训基地以实践教学为主体，通过组织、制度、队伍、设施、经费五方面保障措施，打造出集"数智化、专业化、素质化、标准化"为一体的产教融合实训基地（如图1所示）。

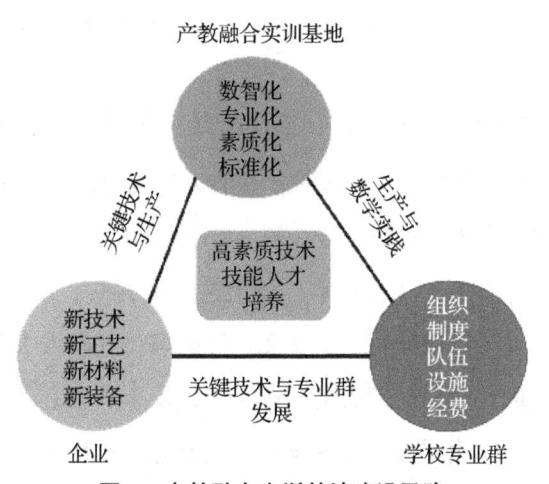

图1 产教融合实训基地建设思路

二、主要做法

专业群紧密围绕高水平航空制造与装配技术的发展方向，从人才培养、资源建设、师资团队、数智创新和服务能力五方面着手，将思政教育、劳动教育、双创教育、企业文化与专业教育相融合，全面提升学生的专业与职业素养。

（一）对接标准，建立"双元育人、三层递进"的人才培养模式

专业群围绕人才培养目标，对接教学和行业企业标准，通过校企共同制定人才培养方案，共同完善人才培养标准，共同优化人才培养模式，结合企业实际岗位需求开展校企联合育人。完善校企协商、责任分担、培养成本分担、实践教学场所共建共享等机制，保障"双元育人"模式的顺利实施。利用"理论教室＋实训场地＋生产车间"的三位一体新教学空间，形成"校内学习打基础—工学交替长技能—企业顶岗得证书"的"双元育人、三层递进"产教融合人才培养模式（如图2所示）。

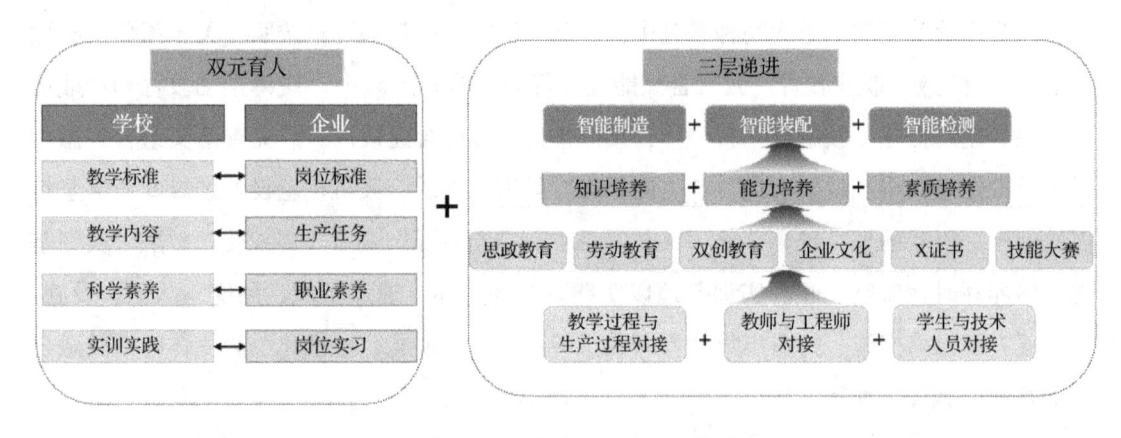

图2 产教融合实训基地人才培养模式

（二）瞄准前沿，推进"理实一体、立体多维"的数字资源建设

随着航空智能化制造与装配技术的发展，企业对能够适应数字化制造与装配技术岗位的高素质技术技能人才需求不断增加。专业群在产教融合实训基地建设中，围绕核心岗位职业能力和素质要求，重点关注"新技术、新工艺、新材料、新装备"等关键技术领域，结合思政教育、劳动教育、双创教育、企业文化等内容，并融入X证书、技能大赛考核要求，重构课程内容。集成飞机装配等典型工作任务，校企共同开发飞机钣金成形、飞机装配连接技术等6门理实一体化课程，并建设数字化资源。依托校企共建的数字化资源，建成国家级飞行器制造技术专业教学资源库1个、国家级优秀教材1本，省级及以上精品在线开放课10门等系列教学资源。

（三）建立机制，优化"双师双能、校企混编"的教师教学团队

专业群建立"分类分层、互培共长"的团队建设机制，通过"将企业导师请进学校，专业教师走下车间"的双向互动方式，采取"定专业、立项目、做课题"等多种形式，提高教学团队的专业水平、动手能力和研究能力，打造一支具有较高教学能力和较强实践能力的"双师双能、校企混编"的教师教学团队。将行业、企业专业技术领域前沿的信息、精湛的操作技能以及丰富的实践经验传递到学校的同时，也将科研成果转化为生产实践项目，以促进企业发展（如图3所示）。

图3　产教融合实训基地师资教学团队机制

（四）破解难题，搭建"科技引领、虚实结合"的数智创新平台

针对飞机制造与装配实践教学中一些"看不见、动不得、讲不清、高投入、高难度、高风险、难实施、难观摩、难再现"的痛点难点问题，打造数智创新虚拟仿真平台（如图4所示）。利用VR、AR等虚拟仿真技术，开发飞机数字化制造虚拟仿真资源；借助CAD、CAM、CAE等工业软件，对飞机零部件设计、制造、装配检测等工作过程进行验证，解决情景展示、仿真操作和真实设备不足等问题。建立专业教学资源库，实施"线上+线下"混合式教学，优化"课前自主学习+课中项目学习+课后拓展学习"的教学设计方案，形成以学生为中心的教学模式，推动课堂教学改革。

（五）促进发展，增强"紧贴需求、互惠双赢"的基地服务能力

专业群紧跟国家航空装备制造产业数字化、智能化升级的发展趋势，以飞机零部件制造与装配领域高技术技能人才培养为抓手，充分发挥学校人才培养和企业技术资源优势，拓展高技能人才培训领域，精准开发飞机铆接装配技术、复合材料检测等多个培训项目，通过多种培训形式进一步增强基地的社会服务能力。依托基地，建立校企共育、科创融汇的平台，发挥职业教育在推动科技创新、催化科技成果转化方面的重要作用，完成"一种飞机雷达罩拆装支撑装置"等9项科技成果转化与推广项目。加强产业链、

价值链、人才链、教育链的有效对接，将基地融入供应链中，成为科技成果转化的"助推器"，解决人才培养和产业发展"两张皮"的问题，同时实现基地的良性互动与可持续发展。

图4 产教融合实训基地数智创新平台

三、成果成效

（一）人才培养质量提升

在"双高计划"建设期间，专业群依托"飞机零部件制造与装配"产教融合实训基地，成立了企业定制班9个，向航空制造、装配企业定向输送毕业生437人；组建了一批参与度高、辐射面广的技能竞赛社团，获得"飞机发动机拆装调试与维修"等全国职业院校技能大赛奖项9项，省级创新创业、学科竞赛奖项27项；学校毕业生在军航、民航企业从事重点岗位占比达40%以上，培养出王凯、张婷等一批企业技术能手。

（二）教学改革成果丰硕

专业群在产教融合实训基地建设过程中，及时高效地将新技术、新工艺、新装备和新规范融入课程教学中。近年来，专业群建设成果丰硕。与鑫旌航空共同建设的"飞机零部件制造与装配"产教融合实训基地获批西安市高水平专业化产教融合实训基地，飞行器维修与数字化制造技术虚拟仿真实训基地入选职业教育示范性虚拟仿真实训基地培育项目；获批国家级职业教育教师教学创新团队、陕西省青年创新团队；牵头制定国家级专业教学实训条件建设标准3项，入选"十四五"职业教育国家规划教材2本，教师获国家级教学能力大赛2项，省级及省级以上教学成果3项，精品在线开放课7门。

（三）社会服务能力增强

专业群以基地建设为契机，深化校企合作机制建设，构建了"命运共通、集成共进、利益共享"的校企合作共同体合作模式；借鉴专业群产教融合实训基地建设的经验，完成了中国通信工业协会两个高水平产教融合实习实训基地建设与申报工作。在建设期间，校企"双元"开发新型教材4本，横向科研课题到款金额超过220万元，科技成果转移转化9项，完成飞机制造装配技术等培训3 214人，社会服务产值达到625万元。

四、经验总结

（一）机制创新，确保双元育人成效

在产教融合实训基地建设中，专业群采取校企协商、责任分担、培养成本分担、实践教学场所共建共享等创新机制，充分调动校企双方参与产教融合的积极性和主动性。校企双方共同参与人才培养、课程标准体系等制定，促进人才培养供给侧和产业需求侧全方位融合，培养出大批高素质技术技能人才，确保双元育人成效。

（二）校企混编，助推基地服务效能

校企双方面向产业和区域发展需求，利用各自优势，优化教师教学团队、完善教学资源建设、搭建技术服务平台，促进教育和产业联动，推动基地在教学与社会服务效能方面的全面发展。

案例 5

科教融汇　打造"产、学、研、创"一体化育人新平台

摘要：面对职业教育科教融汇战略新需求，无人机应用技术专业群与"四川纵横""南方测绘"等行业龙头企业合作建设集"科学研究、教育教学、创新创业、技术服务"为一体的技术技能平台，建设高校工程研究中心，成立产教融合共同体、产业学院、大师工作室，组建科技创新团队，将区域企业横向科研课题、技改项目、技术攻关项目转化为专业实践和创新创业实践教学项目，创新人才培养模式，实现教学科研、人才培养与产业发展同频共振、融合发展。

关键词：科教融汇；技术技能平台；人才培养

一、实施背景

党的二十大报告强调"推进职普融通、产教融合、科教融汇，优化职业教育类型定位"，2023年全国教育工作会议进一步提出"加快构建融通融合融汇的现代职业教育体系"，可见，科教融汇已成为高职创新发展的新方向。西安航空职业技术学院无人机应用技术专业群主动顺应区域产业发展需求和科技发展趋势，面向区域中小微企业，以科教融汇为新方向，以平台建设和团队建设为支撑，以体制机制创新为保障，坚持应用为主，聚焦科技创新、技术服务、教育教学和创新创业等功能定位，发挥平台资源聚合优势，瞄准智慧城市、实景三维中国、无人驾驶等技术方向，构建技术创新体系，推进区域企业转型升级。

二、主要做法

（一）"科、教、创、用"一体化，打造技术技能平台

"西航职院—南方测绘"产业学院，聚焦无人机倾斜摄影测量、无人机遥感、机载激光雷达、三维激光扫描等新技术，打造了集"科学研究、教育教学、创新创业、技术服务"为一体的技术技能平台，建设"无人机智能控制与应用陕西省高校工程研究中心"，成立"纵横无人机""南方测绘"两个产业学院，聘请中国工程院王巍院士为兼职教授，成立"何志堂大师工作室""马卫涛大师工作室"，投资960万元，建成无人机模拟飞行实训室、无人机航测实训室、激光雷达点云数据处理中心、三维数据处理中心等科研平台，开展科研攻关、人才培养与科技服务（如图1所示）。

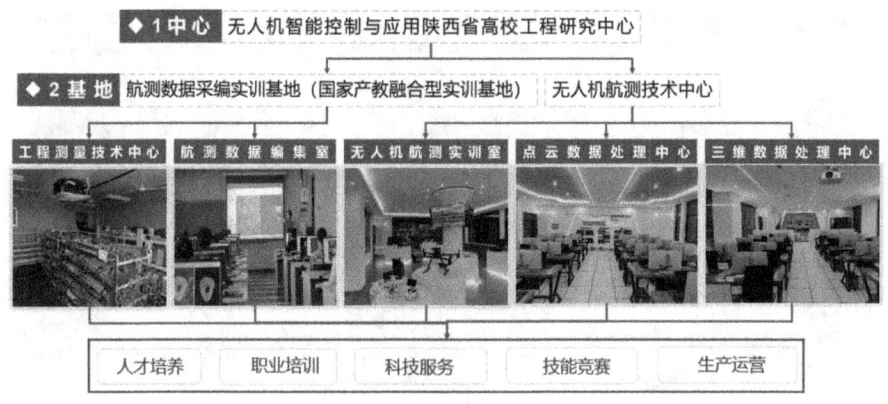

图1 无人机测绘"产、学、研、创"一体化融合平台

（二）引育并举，提升创新团队科研水平

专业群通过内培外引、优化组合、强化科研培训和科研项目实战等措施，提高团队科研水平，促进科研能力持续提升。自"双高计划"建设以来，聘请院士1人、总师1人，引进大国工匠2人、博士2人、硕士4人，柔性引进来自行业头部企业研发人员、技术能手15人，组建由大国工匠引领、青年科技人才支撑、卓越工程师和青年骨干教师为核心的科技创新团队。围绕科研项目要求，强化"有组织的科研"导向，推动科研组织模式变革。依据研究领域对科研和技术服务团队进行重组，组建无人机智能控制团队、无人机编队飞行团队、无人机航测技术团队，开展科研攻关与技术服务。组织团队青年骨干成员与行业头部企业进行科研交流，参加科研培训，开展科学项目研究实践，掌握行业动态、学习前沿科技理论，提升科学研究能力和科技素养。

（三）项目引领，探索科教融汇新路径

专业群坚持产教融合，校企深度合作，校企双方资源共享、人员共用、技术共研、人才共育，将横向科研项目和技改项目转化为专业实践和创新创业实践教学项目，实现科研与实践教学融合、研究过程与教学过程融合、学习过程与创新创业过程融合、学生能力评价和企业员工评价融合，科研与教学交融贯通、协同发展（如图2所示）。同时实施科研反哺教学计划，引导教师积累可转化的科研项目库，将承担的技术开发、技术服务及成果转化等案例转化为教学项目，并融入课程和教材，升级教学内容，推动科研活动与教育教学形成良性循环。

三、成果成效

（一）成功助力区域中小微企业转型升级

自"双高计划"项目建设以来，科研团队发挥协同技术创新优势，为陕西四维数邦科

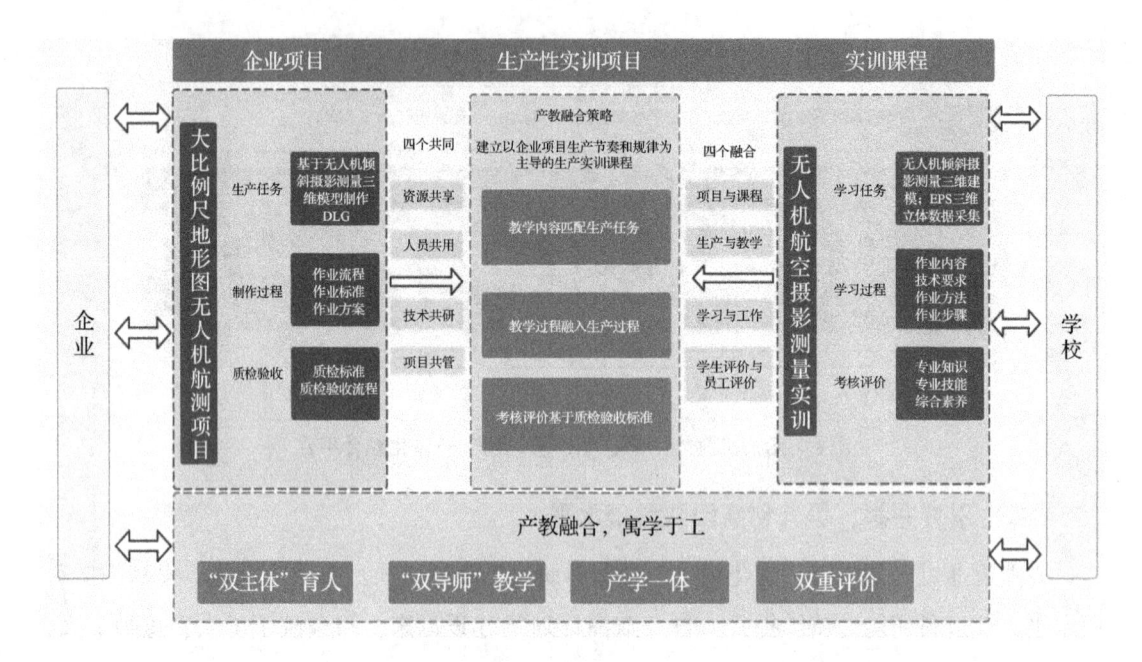

图2 "项目引领,科教融汇"人才培养新路径

技有限公司、航天数维高新技术股份有限公司汉中分公司、广州南方测绘科技股份有限公司西安分公司等15家地方企业提供技术改造、新工艺开发、技术服务,助力区域企业转型升级。立项导航电子地图制作、全国自然灾害综合风险普查底图制备、汉中市宁强县林权登记数据整合等50余项科研课题,到款经费420余万元,服务企业产值3 000余万元。

(二) 有效地提升了学生就业和创业能力

学生通过教师组织的科研项目和创新创业项目,直接参与知识的生产过程,感受真实的工作环境,积累工作经验,在提升技术技能水平的同时,提升了自身的创新创业能力和综合素质。自"双高计划"建设以来,摄影测量与遥感技术专业科研创新团队带领346名学生参与企业技改项目、技术服务项目30余项,为企业对岗输送高素质人才609人,其中杜志康、吕旦向等12名学生已成长为项目负责人,还有多名学生已成长为科室技术骨干和重点培养对象;学生参加"互联网+"大赛获得省级以上奖项10余项,成功孵化内蒙古汇熙航空科技有限公司等两个产教融合科技公司。

(三) 极大地提升了教学团队的教学科研水平

自"双高计划"建设以来,专业群科研创新团队紧密联系行业企业,与数十家企业开展深度合作,在为企业提供技术研发和产品升级服务的同时,将企业技改项目、横向科研课题融入专业学生实践教学环节和创新创业教育环节,极大地提升了团队教师的专业实践能力、科研水平和教育教学水平。自2019年以来,团队教师完成企业技改项目、技术服务项目 26 项；发表高水平论文 50 余篇，取得授权专利 20 余项；主持纵向科研、教改课题 20 余项；获得国家级教学成果二等奖，航空行指委教学成果一等奖。

四、经验总结

（一）推动科研成果向教学转化，服务专业群高质量人才培养

强化科研与人才培养之间的内在联系，进一步深化教学改革。教师要不断跟踪自身领域的最新研究，与企业合作开展以应用为导向的科学研究，积累实践经验，更新自身知识体系，提高实践能力和科研水平；并将研究成果向教学成果转化，将新技术、新工艺、新规范转化为教学内容；参照企业标准和规划，规划教学环境，改善实践教学条件，有效提升教学质量；鼓励、引导学生参加教师组织的科研项目和创新创业项目，在实践中培养学生创新思维和科学素养，提升学生的技术技能水平。

（二）强化科研软硬件建设，营造推动科研成果转化的良好氛围

专业群围绕区域创新、产业创新、企业创新、教学创新等方面有针对性地开展应用导向科研课题，并为推动科研成果转化提供了充足的资金支持，给予教师从事科研充足的时间保障；同时，学校为教师与企业开展科研合作构建了长效合作交流机制，为科研成果转化搭建提供了所需要的设备、仪器等，让专业群搭建的技术技能平台成为科研成果转化的"中试车间"。

第四部分

社会服务

案例 1

践行终身学习理念　职教赋能融合发展

摘要：习近平总书记指出，职业教育与经济社会发展紧密相连，对促进就业创业、助力经济社会发展、增进人民福祉具有重要意义。学校紧抓"双高计划"建设机遇，将服务全民终身学习的教育体系有效融入学校发展规划中，统筹"政军行企校"资源，依托航空（航天）产业，发挥教学、科研、设施和人才等优势，完善社会教育和终身学习公共服务体系，同时面向中小学生、在职人员、中老年人全生命周期提供终身学习服务，增强职业教育服务经济社会发展的能力。

关键词：终身学习；社会培训；乡村振兴；继续教育

一、实施背景

按照党的二十大提出的"推进教育数字化，建设全民终身学习的学习型社会、学习型大国"要求，学校践行终身学习理念，积极探索职业院校服务全民终身学习教育实践。学校与政府各部门、街道社区、行业企业、高校等开展合作，发挥航空职业院校的资源优势，强化特色专业建设，开发职业技能培训项目，为中小学生、企业职工、职业农民、城乡居民提供全方位学习服务，形成中小学生航空科普、在职人员继续教育、职业教育助力乡村振兴、社区学院智慧助老等特色社会服务西航品牌。

二、主要做法

（一）完善全民终身学习的推进机制

一是制度保障。学校制定《社会培训项目管理办法》《年度二级单位社会服务目标考核办法》《个人年度考核积分办法》《职称晋升积分办法》等制度，构建学校、二级单位、个人三级管理激励制度体系，有效推进社会服务工作。二是拓宽面向。学校以航空科技馆、航空城图文中心（图书馆）、企业家培训学院、社区学院为抓手，搭建全民终身学习平台，让中小学生、企事业单位在职人员、社区中老年人等社会群体融入学校社会服务范畴中。三是搭建平台。自"双高计划"建设以来，学校获批 CCAR-147 民用航空器维修培训机构、省级职教师资培养培训基地、陕西省高技能人才培训基地、西安市退役军人职业技能承训机构等 26 项社会培训资质，进一步夯实了学校开展社会服务能力的基础。

（二）构建服务全民终身学习的教育体系

1. 线上线下看航空，航空文化育新人

以中小学生为主体，打造以学校航空科技馆、飞机维修中心、航模社及无人机社团、西安航空基地"i航空研学游"为载体的一站式航空科普研学活动体验地。学校开发个性化研学活动方案，开展菜单式航空科普研学活动，为中小学生提供航空科普研学一站式体验服务。通过研学活动，进一步提升中小学生的科学素养，充分发挥科普"润物细无声"的育人效果。

2. 聚焦社会在职人员，助力地方经济发展

一是在职人员技能培训。针对企事业单位在职员工、退役军人、中高职教师、农民工等开展培训，涵盖飞机维修等120余项技能培训项目。二是在职人员职业技能等级认定。针对在职人员开展民用航空器维修人员执照、无损检测（五大常规）从业人员技能证书、机床装调维修工、普通话等技能等级培训和认定2 000人次。三是在职人员高等学历继续教育。向社会在职人员提供高起专、高起本、专升本学历层次的提升渠道，为社会在职人员搭建高等学历继续教育平台。开展西安交通大学、西安理工大学的高起本、专升本函授学习，让企业员工在职期间有机会继续深造、提升学历，为企业发展和个人提升打牢专业理论和实践技能基础。

3. 强化职业教育，赋能乡村振兴

一是"产业帮扶""消费帮扶"双循环，促进乡村振兴造血功能。学校以"双百工程"为抓手，以援建农业大棚等实体项目为依托，通过"学校+村集体+困难户+基地"的帮扶模式，开展多层次、多渠道、多形式的农业技术技能培训，以振兴涉农产业，培育优质的农产品。学校充分利用学生和教职工的消费市场，通过优质农产品进校园直通车，解决农产品销售难的问题，有效做到了"产业帮扶""消费帮扶"双循环。二是优化人才培训举措，深入一线培养乡村振兴人才。依托陕西高校农民培训基地资质，发挥学校援建的产学研基地、农民夜校、电子商务中心等平台作用，以新型职业农民为培养对象，开展计算机应用、焊接技术、农产品营销策划、维修电工等培训。三是聚力科技支农，推动"三农"转型升级。与西北农林科技大学和杨凌职业技术学院合作，利用科技手段，组织植保技术培训、无人机农药喷洒、环保治理等活动，推动地方农业科研发展。

4. 共建社区学院，赋能多元群体

学校与阎良区人社局、凤凰街道办共建"社区学院"，以"建设'人人皆学、处处能学、时时可学'的学习型社会"为指引，积极探索"政校社企联动，品牌项目引领"的

社区教育创新模式与发展路径；拓展与政府、行业、企业、社区等合作，扎根社区、服务市民，面向社区健康、乡村发展、应急救援、技能培训、学历提升等方面构建多元培训平台；以"全民终身学习活动周"等活动项目为抓手，为覆盖老、中、青、幼全龄人群的教育提供不竭动力，打造全生命周期的终身学习高地，提升社区教育服务指导能力。

（三）营造全民终身学习的良好环境

学校积极开展线上线下相结合的终身学习理念宣传、技术技能培训和全民学习服务活动。一是以"双高计划"任务为抓手，开展"走出去，请进来"系列社会培训。充分发挥社会服务宽领域、多形式、广覆盖的优势，开展"1+X"证书培训与职业技能等级认定12 000余人次，社会服务项目近1 000项、服务产值1.2亿元。二是"以周带年"推动终身学习理念，营造全民学习氛围。以"全民终身学习活动周"为抓手，培育"全民终身学习品牌项目"，打造"百姓学习之星"，助力"人人皆学、处处能学、时时可学"的学习型社会建设，满足人民群众对美好学习、美好生活的向往。三是开放式办学，共享学校资源。面向区域民众，开放学校图书馆、航空科技馆、"三全育人"素质教育基地、劳动实践教育基地和各专业实训基地，先后接待企事业单位、中小学生、社会人员等60余万人次前来参观学习体验。

三、成果成效

学校不断加强机制建设，完善培训资质，拓宽培训面向，构建教育体系，营造"全民终身学习"的良好氛围。自"双高计划"建设以来，航空文化育人达60万人次，培训各类人群近50万人·日，乡村振兴赋能受益群众达4 000余人次。学校定点帮扶的潼关县老虎城村被国家广播电视总局评选为"全国示范农家书屋"，被省委组织部评为"村级党组织标准化建设"示范村；"职业教育助力乡村振兴""在职人员继续教育"社会服务品牌被遴选为全国"职业院校服务全民终身学习"项目；学校被立项为全国"职业院校服务全民终身学习"第二批优秀学校培育单位；航空科技馆被评为"西安市民终身学习体验基地""西安市爱国主义教育基地"等。

四、经验总结

（一）统筹规划、总体协调，做好顶层设计

依托航空（航天）产业，发挥教学、科研、设施和人才等优势，大力推进"产教融合、校地融合、军民融合"战略，积极探索政校社企联动，推动职业教育、继续教育、社区教育、老年教育融合发展，打造"一院一品"社会培训特色品牌项目，全方位服务全民终身学习。

（二）搭建平台、保障经费，做好落地执行

学校与政府、企业、行业协会搭建社会服务平台，积极申报获批各种培训资质，同时每年划拨20万元社会服务运行专项经费，为社会培训提供后备保障，确保培训专项和公益服务落地执行，发挥"双高计划"建设院校服务国家战略、助力区域经济的作用。

（三）加大激励、创新思路，做好品牌培育

随着全民终身学习理念深入人心，人人逐渐爱学习、想学习。学校每年划拨社会服务专项奖励费用20万元，用于奖励参与社会培训的先进单位和个人，调动二级单位和个人参与社会服务的积极性，让其创新思路，做好社会服务品牌项目，培育"全民终身学习品牌项目"，打造"百姓学习之星"，助力品牌培育工作提质增效。

案例 2

德技融通　四阶递进　五方协同
——定向军士人才培养模式改革与创新

摘要：西安航空职业技术学院紧扣航空机务军士人才培养规格，创新育人理念；践行"三融"战略，创新育人机制；聚焦部队作战需求，优化课程体系，创建多维评价体系，创新定向军士人才培养模式，推动了定向军士人才培养模式的完善和发展，为同类院校的定向军士培养提供了可借鉴的经验和可复制的模式。

关键词：德技融通；四阶递进；五方协同；军士人才

一、实施背景

依托地方优势职业教育资源为部队定向培养军士，是贯彻落实习近平总书记"军民融合"发展战略的具体举措。作为全国首批定向军士人才培养院校，西安航空职业技术学院传承军工基因、聚合优势航空教学资源，立足新时代人才强军战略需要，组建团队深入调研、开展课题研究，创新军士人才培养模式，为部队培养了大批政治过硬、素质卓越、技能精湛的优秀航空机务军士学员，践行了"为战而育、德技兼修"的人才强军战略。

二、主要做法

学校依托阎良航空城区位优势，"政军行企校"五方协同，构建多元协同育人机制，搭建平台，形成育人合力；聚焦岗位要求优化课程体系，将专业技能、军政素养深度融合；建立多维观测评价体系，创新形成了"德技融通　四阶递进　五方协同——定向军士人才培养模式"，实现了军士学员"毕业即入伍、入伍皆能战"，育人成效显著（如图1所示）。

（一）平台搭建 + 多元融合，构建五方协同育人机制

（1）搭建育人平台：与中国人民解放军陕西省军区、中国人民解放军第5702工厂等36家单位共同成立陕西航空职教集团、军士人才培养指导委员会，组建军士学院，下设军地联合培养研究室等机构7个；制定《军士人才培养指导意见》等规定12条。

（2）突出多元融合：以产教融合、军民融合、校地融合"三融"战略为引领，形成了与部队人才需求对接、与区域经济发展融合、与产业升级结合的发展格局；分析学校与

企业、军队、地方协同关系,明确了以组织机构为依托、政策制度为保障、专家团队为核心、各方资源为纽带的五方育人共同点,政府出台《人才引进激励办法》等政策,行业确定技术标准,企业提供团队、设备,军队开展训练指导、岗前培训(如图2所示)。

图1 高职航空机务士官人才培养模式

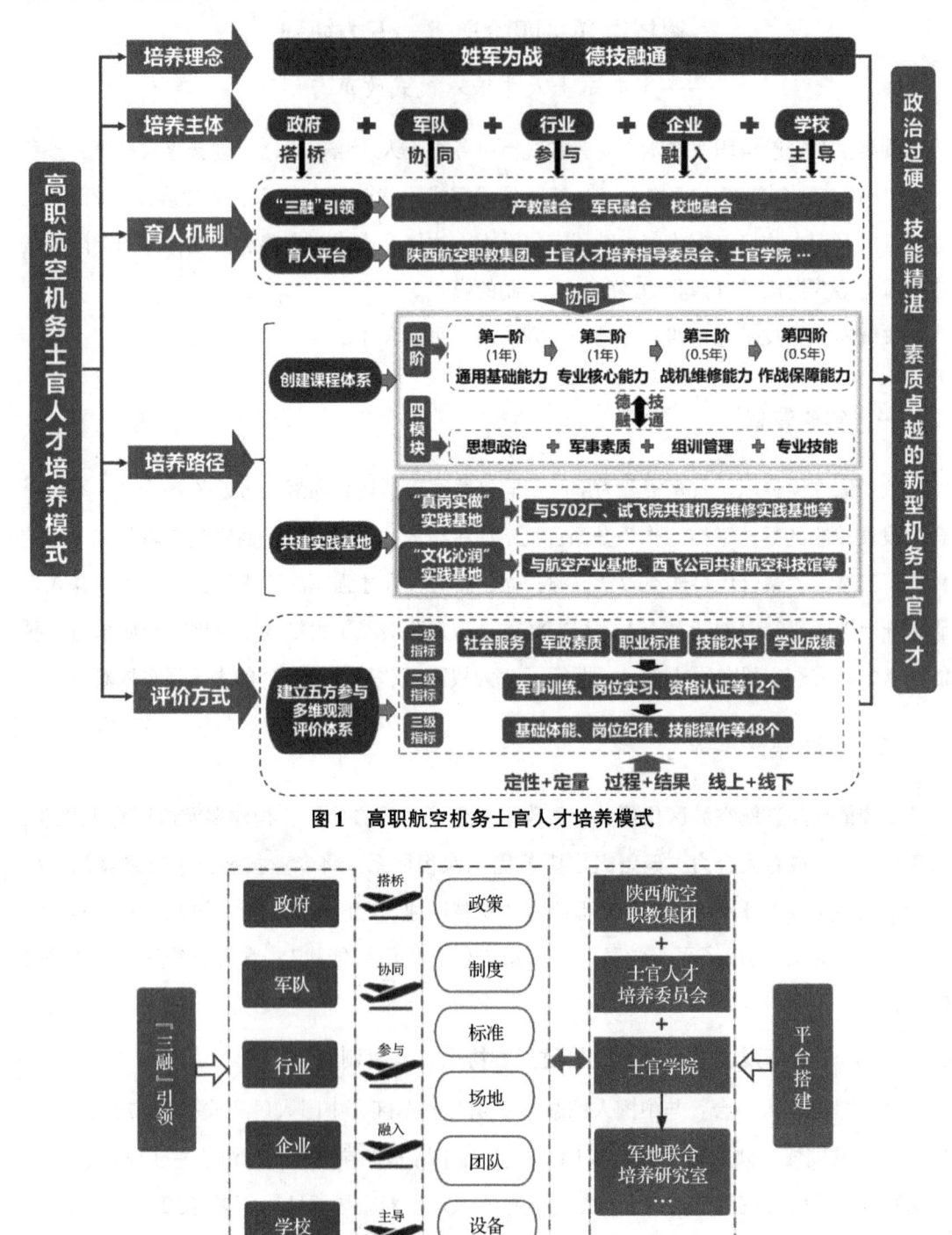

图2 "政军行企校"五方协同育人平台

(二) 能力导向 + 实战需求，构建"四阶四模块"课程体系

(1) 聚焦能力培养：分析航空机务岗位群核心能力，梳理基础保障能力、转场运输机动能力、战伤抢修维护能力、部队综合保障能力，按照"能力目标对标岗位要求"将其划分为四阶，前两阶在学校培养、政行企深度参与，着力加强国防教育、军事训练、专业教学、身心素质等。第三阶在军工企业实习，着力加强军航"三负责"机型维修能力训练。第四阶在部队育训，着力加强"敢打必胜"战斗精神教育、机组协同保障等岗前实践。

(2) 紧贴实战需求：分析恶劣战场环境下机务士官素质需求，按照"课程内容融入军政素质，教学项目对接工作任务"开发课程体系，开发了思想政治、军事素质、组训管理、专业技能四模块课程，增设了空军航空机务史等军政素质课程12门，建设了航空机务保障等课程思政专业示范课25门，在四阶中递进设置（如图3所示）。

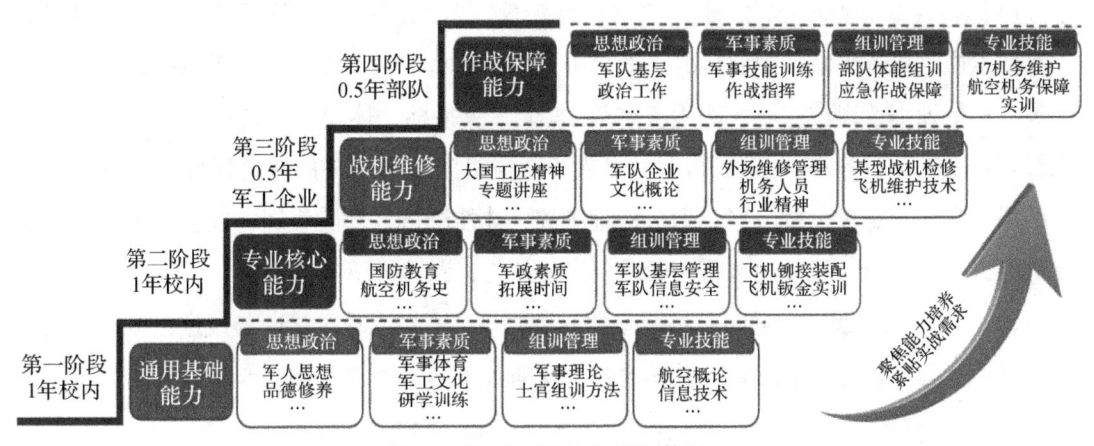

图3 "四阶四模块"课程体系

(三) 真实装备 + 特色文化，共建协同育人实践基地

(1) 真实装备为载体：按照"实岗、实装、实做"的要求，整合军工系统、中航工业等五方优质资源，与中国人民解放军第5702工厂、试飞院、空军工程大学等共建飞机排故检修、试飞地面保障、H6及JH7等15个"真岗实做"实践基地，加大机务军士在真实条件下体能水平、心理素质、维护作风、专业技能等方面训练强度，磨炼在恶劣环境下完成任务的能力。

(2) 特色文化为引领：按照"文化赋能涵养军政素质"的要求，融合军工、航空、企业、区域历史四种文化，与航空工业西飞公司、航空行指委等共建功勋飞机园、西飞"薛莹班"、航空科技馆等16个校内外"文化沁润"实践基地，整合军队优秀典型案例、航空英模典型人物、老一辈机务兵典型事迹、特色文化实践活动，铸就机务士官献身国防、能打胜仗的精神品质（如图4所示）。

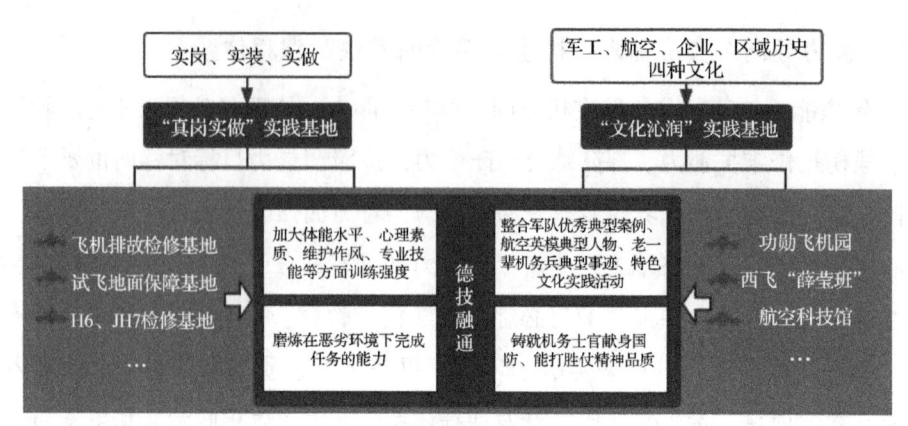

图 4　协同育人实践基地

（四）多元评价+动态调整，构建"五方多维"评价体系

（1）构建五方多元评价：引入"政军行企校"多元主体，围绕各自观测点共同制定了军政素质、机务维修、职业标准、社会服务、学业水平5个维度的一级指标，突出体能测试、军事训练、岗位实习、课程考试等12个二级指标，体现基础体能、战术训练、技能操作、理论课程等48个三级指标，形成了航空机务军士学员的评价标准。按照"过程+结果、定性+定量"的方式，通过课程考核、体能测试、部队集训、社会实践、资格认证等方式进行评价，形成学员军政素质、岗位技能、课程成绩等分值。

（2）适时动态调整：适时掌握军士学员培养效果，引入教学诊断与改进，跟踪监测教学与学习过程，调整教学思路、教学内容，反哺人才培养过程（如图5所示）。

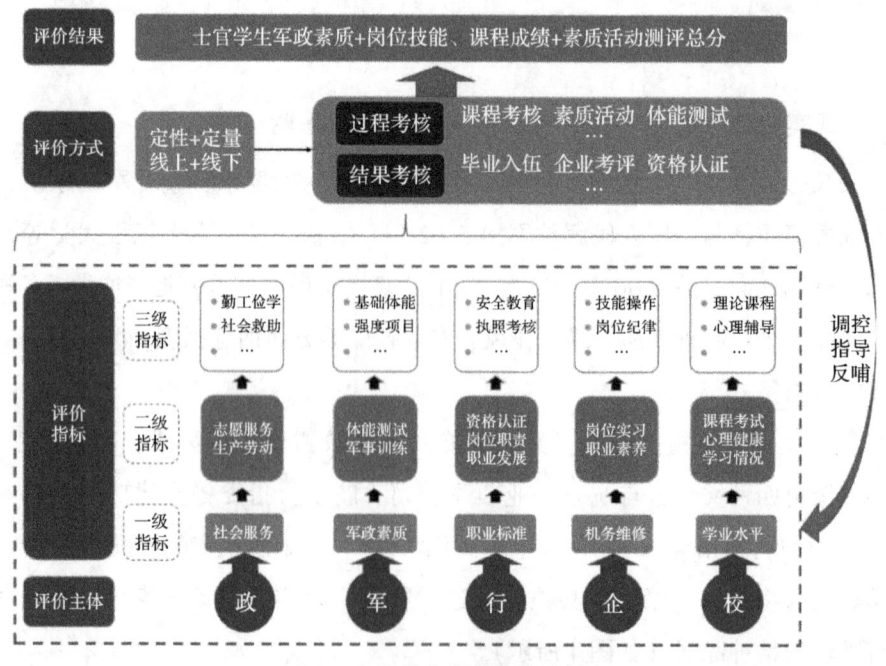

图 5　"五方多维"评价体系

三、成果成效

（一）人才培养质量提升

学校招生计划人数比 2016 年翻 5 倍，入伍率从 95% 增至 99%，部队满意度从 90% 增至 98%；每年 30 人获部队优秀生，25 人获三等功，536 人评为"四有"优秀士兵，军士学院 5 次被部队授予先进集体，军士学员在部队综合测评名次位列全国第二；全国职业技能大赛、"互联网+"大赛军士学员获奖 34 项，其中一等奖 10 项；东部战区刘海博一年荣获两次三等功，军士学员雷大奔、巨文轩等 8 名同学在 2019 年国庆阅兵中获荣誉奖章及重大任务纪念章，军士学员于锦飞原创作品《雄鹰》等在国防军事频道播放，引发热烈反响。

（二）专业建设成效显著

军士专业入选全国"双高计划"专业群；建有国家重点建设专业 8 个；取得西北高校首家 CCAR-147 维修培训机构合格证；主持国家级教学资源库 2 个；获国家级教学成果奖 2 项；出版专著 2 本，主编"十三五"国家规划教材 3 本，国家级优秀教材 1 本；获批国家级实训基地 3 个；获评国家"万人计划"教学名师 1 名，全国优秀教师 3 名，全国高校黄大年式教师团队 1 个，国家职业教育教师教学创新团队 1 个，黄炎培职业教育杰出校长 2 人。

（三）部队认可度高

军士人才培养工作得到空军装备部高度肯定，空军装备部政委冯世平评价："学校特色鲜明，士官生技能水平高，军政素质硬，为部队输送大批优秀人才"。军士人才培养模式被中央电视台 CCTV-7《军事报道》专题报道。学校在空军政治部组织的全国定向培养军士军地联席会议上作主旨发言，得到部队及培养院校高度认可。

四、经验总结

明确育人初心，提出"姓军为战、德技融通"的机务士官人才培养理念。聚焦强军需要、机务岗位需要，形成人才培养目标和导向。强化重政治、铸军魂、强体能、宽基础、精技能的五层全面培养，既体现了维修岗位需要的专业技术能力，又凸显了军政素质能力，以此引领推进教学改革创新，创新定向军士人才培养模式，实现人才培养供给侧与未来战场需求侧精准对接。

突出军政素质培养，重构课程体系，打造专业课课程思政，形成德技融通的模块化课程；建成试飞英雄黄炳新、全国劳模薛莹为导师的育德教学团队；重组实践育人基地，校军打造校内军校，开展军工文化教育。将军政素质与专业技能按阶贯穿人才培养全过程，增设军工企业岗位实践的0.5年，重点培养学生战机维修能力，实现了教学设备与武器装备、实习环境与实战需求的紧密对接。通过课内外"全融通"、时间上"全沉浸"、空间上"全覆盖"，打通了贯穿军政素质，凸显能力递进的育人新路径。

创新以产教融合为主体，军民融合、校地融合为两翼的三融战略，厘清"政军行企校"五方主体关系与动力因素，明确"政府协调、契约保障、利益共享、协同实施"的育人思路，创新实践了"政府搭桥、军队协同、行业参与、企业融入、学校主导"的五方协同育人机制。探索出"共规划、共组织、共建设、共管理、共享成果"的五共融合育人模式，体现了"同在航空城，心怀航空梦，共育航空人"的育人氛围，形成了航空机务士官人才培养生态链。

第五部分

国际交流

案例

航空为本　内外融通　打造航空特色职业教育国际交流新模式

摘要：西安航空职业技术学院立足航空，按照"引进来、走出去"双线发展的思路，开展各项国际交流与合作活动；持续引进吸收国外优质航空类教学资源，提升师资队伍国际化水平，为学生提供优质专业外语培训和学习资源；以"中文＋职业技能"项目助力专业国际化水平提升，开展境外办学机构建设，提升学校国际影响力；服务国家战略和中企"走出去"的需求，将航空类职业教育解决方案和优质教学资源输出到"一带一路"共建国家；建立常态化国际交流机制，打造留学生航空特色研学活动，提升学校职业教育理论研究水平。

关键词：航空特色；中文＋职业技能；合作办学

一、实施背景

职业教育国际交流合作在践行"一带一路"倡议中扮演着重要的角色，为促进文化交流、经济发展、教育质量提升以及扩大就业等方面作出了积极贡献。学校立足航空，服务"双高计划"建设，探索教育国际交流途径。通过引进先进的教育资源，实施"中文＋职业技能"项目等措施，丰富职业教育国际交流模式的内涵。同时联合行业企业，输出优质职业教育资源、完善体制机制，确保国际交流有效落地。

二、主要做法

（一）引进优质资源，提升人才培养水平

1. 持续引进优质航空教学资源

坚持"对接国际标准，深化内涵建设"的专业国际化办学思路，推进教育部中外人文交流中心的"人文交流经世项目"建设，在航空维修、航空制造等领域，引进美国、英国、俄罗斯等职业教育先进国家相关的专业标准、课程体系和教学资源，提升学校航空类相关专业在专业建设、课程构建、人才培养等方面的实力。

2. 开展航空专业师资能力提升培训项目

学校结合自身专业发展建设需要，采用线上线下培训方式，与乌克兰、新加坡、澳大利亚等职业教育发达国家开展师资能力提升培训项目。通过境外和线上交流，有效地提升

了学校教师理论水平与教学能力，开阔了国际视野，增强了跨文化交流能力。

3. 为学生提供优质国外学习资源

面向航空类专业学生的学习需求，引进国外无人机和通航飞机全英文培训资料，为提升学生就业竞争力开展专项英文培训。联合韩国庆云大学，遴选学生举办航空专题境外研学活动。通过组织学生参加国际技能大赛、涉外交流互动活动、专题英文技术技能培训等，开阔学生国际视野，提升学生跨文化交流能力。

（二）服务"一带一路"，提供航空职教经验

1. "汉语桥"线上团组项目助力专业"走出去"

通过整合优质专业与汉语教学资源，以"中文＋职业技能＋文化"的教学模式，采用直播课与录播课相结合的方式，开展专业基本技能、主题讲座、云端企业参访等教学活动，面向"一带一路"共建国家相关专业的从业人员，开展云端职业素养提升与文化交流活动，推动优质教育资源"走出去"，促进"一带一路"共建国家民心相通。圆满完成了三期汉语桥线上体验团组，培训学员达600余人。

2. 航空特色境外办学助力学校国际影响力提升

学校与老挝巴巴萨技术学院、深圳市大疆创新科技有限公司合作共建境外办学机构——经世学堂，以无人机应用技术专业人才培养为重点，输出专业标准与人才培养方案，开展技术培训和学历教育，满足老挝技能型人才需求。2023年学校接收17名老挝短期培训生、20名学历留学生，输出专业教学标准1套，开发中英双语无人机专业教材6本。通过经世学堂合作，实现国内外高校资源互补，探索国际化技术技能人才的双向培养路径。

3. "中文＋职业技能"教学资源建设探索"走出去"教学模式

根据教育部中外语言合作中心"中文＋职业技能"教学资源建设项目规划，学校开发面向"一带一路"共建国家相关从业人员学习"中文＋职业技能"双语教材和教学资源编写的规划，将优质成熟的教学资源进行双语转换，服务相关国际人力资源培训需求。"焊接汉语综合教程"（法语注释版）"中文＋汽车制造与实验技术""中文＋工业自动化仪表"3项"中文＋职业技能"教学资源建设项目获批立项，累计资助金额超过70万元。

4. 服务航空企业"走出去"，开展技术服务培训

结合学校的专业师资力量和丰富的教学资源优势，为了更好地服务中航国际、中飞通航等航空企业的"走出去"需求，提供技术培训服务，确保外籍员工和学习者能够掌握最新的航空技术知识，提高专业技能和素质，从而更好地适应工作环境，服务国家相关战略

和企业国际发展的需求。2022年，学校为中飞通航非洲某国机务人员35人提供全英文机务维修理论培训服务；2023年，协办中航国际ATC-8非洲职业技能大赛，提供线上培训和赛事组织指导，服务非洲有关国家人员334人。学校主动参与国家"一带一路"相关项目和国际产能合作，与企业共同开发教学资源，为"走出去"的中资企业培养更多国际化技术技能人才。

（三）融通中外理念，全面提升交流水平

1. 探索常态化国际交流机制

学校紧紧围绕航空专业，与韩国、英国、乌克兰等境外合作高校定期开展交流活动，通过师资互访、学生交流交换、线上线下双向交流等形式，在人才培养模式、课程与教学模式、实训条件建设、师资队伍与教学团队建设、社会服务能力和辐射带动、质量保障与机制建设等方面开展交流互鉴，为学校师生打造了高质量的国外交流"朋友圈"，形成了常态化国际交流机制。

2. 打造在陕留学生航空特色研学体验项目

面向在陕国际学生，以航空文化为主，以篆刻、秦腔等文化体验项目为亮点，以航模体验、无人机模拟飞行、飞机维修实操等实训项目为特色，打造航空专题研学体验项目。通过项目的实施，加深了国际学生对中国文化和航空产业发展史的理解与认同，扩大了学校的国际知名度和航空职业教育的国际影响力。在"双高计划"期间，共接待5批在陕留学生共148人，受到来参加研学的学校和留学生的一致好评（如图1所示）。

图1　教师为留学生讲授航空概论课程

3. 提升职业教育国际合作理论研究水平

学校承担联合国教科文组织全国委员会中非信托基金的中国与加蓬职业教育合作研究的课题研究任务，探索境外合作可行性分析路径，就目标国的概况、职业教育发展现状、产业发展规划、与中国合作情况，以及合作项目设置建议等方面开展研究，提出了《中非职业教育合作——加蓬国别方案》。相关工作的开展提升了学校职业教育国际合作研究理论水平。

三、成果成效

（一）服务"双高计划"专业群建设取得突破

通过"校校企"中外合作办学机构暨"经世学堂"建设，向境外输出相关专业教学标准和课程教材资源，实现国内外高校资源互补，探索出国际化技术技能人才的双向培养路径。通过建立常态交流机制，为开展常态化线上专业国际合作交流提供示范（如图2所示）。

图2　长安大学留学生来学校参加航空专题研学活动

（二）教师国际化素养显著提升

引进51项教学资源，累计派出63名教师参加境外线上线下培训项目，完成联合国教科文组织研究课题，进一步提升了教师教学水平和专业能力。通过开展涉外培训项目和留学生交流项目，储备了一批具备双语教学能力和国际化视野的师资队伍（如图3所示）。

（三）国际化发展体制机制不断完善

一是进一步健全体制建设。建设了专业一致的国际合作与交流工作队伍，明确了国际交流与合作工作的责任和实施流程。二是不断完善制度建设。完成了《中外合作办学管理

图 3　教师团组赴新加坡交流学习

办法》等教学与学术涉外规章制度的制定工作，保障了国际合作与交流工作健康有序运行。三是提高机制运行实效。把国际化办学作为一项重要指标纳入学校目标管理考核体系，并逐步建立起与之配套的激励机制、考核机制和退出机制。

四、经验总结

（一）以特色专业为抓手开展国际合作

学校专业在师资和教学资源方面具有累积优势，也具有优势行业的背景支持，对外方合作对象的吸引力较强，对于推动开展国际产能合作的助力较强。

（二）以国家战略为服务目标筛选合作对象

目前，世界正处于百年未有之大变局，并且这一大变局正在加速演进，因此谨慎选择合作对象对教育交流合作尤为重要。以服务国家战略为目标，在专业设置方面与国际政治相合性进行综合考虑，双方应具有对等合作意愿，同时综合考虑相关行业的国际产能分工情况。

（三）以线上线下混合为合作方式落地合作内容

合作项目应结合人才培养的各要素开展，先由师资、课程、线上培训资源等元素开展合作试点。在加强双方认识互信之后，再提升合作的广度和深度，开展学生交流交换、教师派驻访学、合作办学等合作形式。